화택 火宅

ЭРА АРТА 04

화택 火宅

폭염 시대의 불난 집과 멸종위기

윤범모 시집

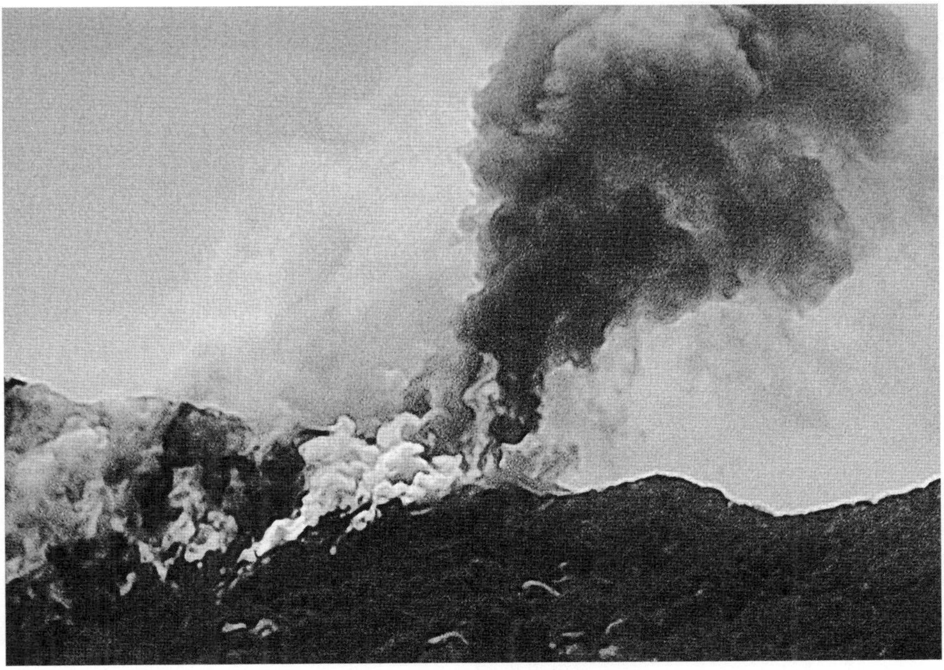

예술시대

목차

1부 _ 잡초 유시

- 어떤 법문 - 옻나무 비유 _ 012
- 잡초 유시諭示 _ 015
- 폐기물 _ 018
- 유자농원에서 _ 020
- 벚꽃 훈화 _ 021
- 허공 _ 024
- 놀고 있는 땅 _ 026
- 태풍 피해 _ 027
- 서울을 지운 것 _ 028
- 꽃의 경고 _ 030
- 껍질 _ 032
- 먼지 천국 _ 033
- 안개 _ 035
- 이팝나무 _ 036
- 생존 전략 _ 038
- 불이 - 연꽃 _ 041
- 호박의 저항 _ 043
- 숨긴 향기 _ 045
- 소나무와 음풍농월 _ 047
- 오리의 성생활 _ 052
- 거대한 꽃, 그러나 뿌리가 없는 _ 055

2부 _ 멸종위기

- 단절! 인왕산 호랑이 이야기 _ 060
- 거꾸로 매달린 호랑이 _ 063
- 단절! 호랑이 가죽 _ 064
- 까치호랑이 _ 067
- 멸종위기! 사향노루 _ 070
- 멸종위기! 여우 _ 072
- 멸종위기! 수달 _ 074
- 멸종위기! 박쥐 _ 076
- 멸종위기! 담비 _ 078
- 멸종위기! 새 _ 080
- 멸종위기! 검은머리갈매기 _ 083
- 멸종위기! 참달팽이 _ 085
- 멸종위기! 가시고기 _ 087
- 멸종위기! 소똥구리 _ 089
- 멸종위기! 쌍꼬리부전나비 _ 091
- 멸종위기! 붉은점모시나비 _ 093
- 멸종위기! 제비붓꽃 _ 095
- 멸종위기! 가시연꽃 _ 097
- 멸종위기! 매미꽃 _ 099

3부 _ 화택

- 불이야, 불! _ 104
- 여기는 '불난 집'입니다 _ 109
- 온난화라는 용어와 포장 기술 _ 112
- 진정 인류세가 맞는가 _ 115
- 최고 수준의 이산화탄소 농도 _ 121
- 폭염으로 끓고 있는 지구 _ 123
- 폭염 경보 _ 127
- 잠잘 수 없는 밤 _ 131
- 생명의 고향, 바다 _ 133
- 온열질환 _ 138
- 기후 변화 _ 141
- 휴교 조치 _ 145
- 중대재해 처벌법 _ 148
- 매미 울음 _ 151
- 쌀값 _ 155
- 폭염의 원인 _ 157
- 화석 연료 _ 161
- 열 받는 지구 _ 165
- 기후 변화 시대의 동물 _ 169
- 땀샘 만세 _ 172

- 열과 불 그리고 온도계 _ 175
- 사막 _ 178
- 낙타, 새로운 토템 _ 181
- 물, 생명수 _ 185
- 식물도 땀을 흘린다 _ 187
- 아름다운 산호가 사라지고 있다면 _ 189
- 쓰레기 섬 _ 192
- 패스트 패션의 시대 _ 195
- 도대체 패스트 패션이 무엇인가요 _ 198
- 숲 파괴, 생명 파괴 _ 202
- 기온 상승의 한반도 _ 205
- 기후 악당국가 대한민국 _ 208
- 제주도도 문제입니다 _ 212
- 탄소 중립법 _ 214
- 괴물 전기자동차 _ 217
- 플라스틱 천지 _ 220
- 성장주의의 문제 _ 223
- 찬란한 멸종 _ 226

4부 _ 백척간두

- 동거인 _ 234
- 마라도에서 _ 235
- 일과 _ 237
- 집사람 _ 238
- 고수 - 물레 버리기 _ 239
- 고수 - 불모 _ 240
- 백척간두 _ 242
- 오줌 누기 _ 244
- 담장 _ 245
- 교통신호등 _ 246
- 올림픽 금메달 _ 248
- 인왕산 산불 _ 250
- 인왕산 보름달 _ 252
- 야단법석 _ 254
- 참새와의 식사 _ 255
- 지붕 위의 소 _ 256
- 어느 봄날 _ 258
- 좋은 날 _ 259
- 마음 _ 260

저자 후기 _ 261

1부

잡초 유시 諭示

어떤 법문 - 옻나무 비유

옻나무는 고산지대일수록
그것도 크면 클수록
수액 채취하기 좋습니다.

백 리 길을 걸어가서 천 번 칼질해야
한 근 정도 옻을 겨우 얻는다는 말이 있습니다.
그만큼 옻나무 수액 구하기가 어렵다는 뜻이겠지요.
그래서 옻 채취하는 사람을 칠농漆農이라고 합니다.

옻은 썩거나 변하지 않게 하는 효능 있어
아시아 여러 나라들은 옻칠 문화라는 독특한 분야를 개척했지요.
요즈음도 가야나 신라 고분에서 원형 그대로의 목기 종류가 출토되고 있지 않습니까.
이는 옻칠의 우수성을 입증하는 사례입니다.
옻은 어떤 물질이라도 다 받아주기 때문에
색깔 섞어 화려한 물감을 만들 수 있습니다.

하지만 오늘날 옻칠 전통은 사라지고 있어 안타깝게 합니다.
특히 우리 땅에서는 제대로 자란 옻나무조차 만나기 어렵습니다.
옻나무는 최소 십 년 이상 커야 옻을 채취할 수 있게 됩니다.
그런데 한국 사람은 옻나무 앞에서도 '빨리 빨리' 추켜세웁니다.

세상에서 옻을 먹는 사람은 한국 사람밖에 없습니다.
하기야 몸에 좋다면 무엇이든지 먹어 치우는 습성이 있기는 하지만
도처의 옻닭 식당은 무엇 때문에 그렇게 인기를 끌고 있습니까.
옻나무가 제대로 자랄 새가 없을 지경입니다.
한국 음식은 나물 종류가 많다고 하지만
이른 봄만 되면 제대로 자라지도 않은 옻나무 새싹을 나물로 먹습니다.
높은 산에서 수백 년 키워야 좋은 옻칠 재료를 얻을 수 있을 텐데
날로 숲은 사라지고
더불어 옻나무도 사라지고 있으니
어떻게 옻칠 전통을 지킬 수 있단 말입니까.

나무는 바로 내 몸입니다.
수액은 바로 나의 피
나의 눈물입니다.

옻칠은 방부제 역할이 크다고 했습니다.
그렇다면 옻을 좋아하는 한국 사회는 그만큼 부패하지 않았다는 뜻이

겠지요.
　옷으로 감싼 귀하신 몸이 설마 부패까지 하겠습니까.
　옷을 주는 식당이 많은 만큼 우리 사회는 청정하다는 뜻이겠지요.
　그런데 이게 다 무슨 조화인가요.
　우리 사회는 무엇 때문에 그렇게 혼탁한지
　갈 길조차 제대로 찾을 수 없게 합니다.

　옷이 무슨 죄를 지었단 말입니까?

잡초 유시 雜草 諭示

제군들!
그래, 내 이름은 잡초다.
제군들이 정의한 것처럼
"인류의 활동과 행복 번영을 거스르거나
방해하는 모든 식물"의 하나다.
뭐, 악마가 뿌린 씨에서 나왔다고?
우리가 악마의 풀이라니!
그럼 그 악마는 누가 만든 것이냐.
아무튼 우리는 제군들의 온갖 핍박에 시달리면서도
몰살당하지 않고 꿋꿋하게 살아왔다.
이 얼마나 장한 일이냐.

제군들은 유목민으로 떠돌다가 겨우 정착하여 농경 생활로 들어섰다.
원래 이 땅은 우리 풀들이 먼저 자리 잡고 살던 평화의 낙원이었다.
그런데 제군들은 농사지으면서
들판과 숲을 망치고 경작지를 넓히기 시작했다.
할 수 없이 우리들도 햇볕 잘 드는 논밭으로 많이 이주했다.

뭐, 잘 못했느냐?

제군들은 밭을 일구면서 성가신 놈이라고,
뽑으면 뽑을수록 더 자라는 지독한 놈이라고,
온갖 도구와 제초제 등으로 우리를 학대했다.
우리가 땅을 갈아엎는다고 죽을 것 같으냐.
오히려 땅속 깊이 숨어 있던
우리 씨에게 달콤한 햇볕을 즈니 더 고마울 따름이다.
우리가 제일 좋아하는 것은 햇볕이고 물이지 않으냐.
우리는 키 큰 나무들 숲에서 살기를 싫어한다.
그늘보다 양지를 좋아하기 따문이다.
양지!
알고 보면 우리처럼 연약한 믁숨도 많지 않을 것이다.
그늘에서는 도저히 살 수 없기 때문이다.
이 점이 제군들과 다른 특징이다.
비정한 암혹은 정말 질색이다.
그래, 맞다.
우리가 강하게 된 것은 모두 제군들의 학대 덕분이다.
이에 감사할 따름이다.

제군들은 우리 이름을 '잡초'라고 명명했다.
잡초?

누구 맘대로 '잡雜'이냐?
제군들이 이 지구별의 주인이냐?
그래서 제군들 기준으로 유익하지 않으면 잡초고 해충이냐?
이 잡종들아!

우리는 이 땅에 와서 모두 잘 살기를 원한다.
그렇지 않아도 제군들은 매일 같이 떠들고 있지 않느냐.
"차별 없는 평등 세계 이룩하자!"
그런데 누가 누구를 짓밟을 수 있느냔 말이다.

제군들!
그대들은 오만가지 잡스런 짓거리를 다 하면서
뭐 그렇게 잘났다고 큰소리치고 난리냐?
정말 누가 진짜 잡초이고 해충이란 말이냐?

이 잡것들아!

폐기물

인간 괴물들아
뭐 그렇게 잘났다고 큰소리만 치느냐.

그대들은 우리 나무가 버린 쓰레기로 연명하고 있지 않느냐.
애초 지구에 새로운 생명체가 생길 때
우리 나무들이 그대 인간 괴물보다 훨씬 앞장서서 자리 잡지 않았더냐.
뒤늦게 와서 지구의 주인인 것처럼 행세하지 말란 말이다.
이 괴물들아.

우리 나무들이 생길 때
지구는 이산화탄소로 가득했단다.
그래서 우리는 그걸 먹고 자랐다.
산소는 우리가 버린 일종의 폐기물
숲이 없다면 척추동물은 물론 여러 생명체가 살 수 있었겠느냐.

괴물들아.
도시화니 뭐니

우리 숲을 계속 거덜 내면서
뭐가 그렇게 잘났다고 날카로운 칼날만 휘두르고 있느냐.
숲이 몽땅 사라진다면
이 땅에서 사라질 목록 가운데 너희들은 안전할 줄 아느냐.
이 인간 괴물들아.

나무의 폐기물로 겨우 목숨이나마 건사하고 있는
꼴 같지도 않은
인간 괴물들아.

유자농원에서

농부
하늘로 치솟은 우듬지의 수직 줄기를 자른다.
나뭇가지들을 끌어내리면서 수평으로 눕힌다.
하늘보다 땅과 가깝게 철사로 묶는다.

농부는 말한다.
키만 크거나
수직으로 뻗은 가지는 열매를 맺지 않아요.
덩치를 키우지 않고
그것도 옆으로 뻗어야
튼실한 열매를 만들거든요.

키만 크려 했던 젊은 날의 부끄러움을 안고
나는 키 낮은 가지의 노란 열개 옆에서
허리를 숙인다.

벚꽃 훈화

제군들!
봄이 왔다.
우리 벚꽃나무는 누구보다 부지런하여 이른 봄에 꽃부터 활짝 피운다.
이는 제군들을 위한 헌화獻花가 아님을 명심하라.

다만 우리 벚꽃나무를 여기저기 많이 심어주어 고맙기는 하나
우리라고 할 말이 없는 것은 아니다.
한때 제군들 사회에서 '사꾸라'라는 말이 유행한 것으로 알고 있다.
두 얼굴의 저열한 인간 말종을 비난하기 위해 만든 말이라고 여겨진다.
정말 우리 벚꽃나무 입장에서는 억울한 일이지 않을 수 없다.
게다가 벚꽃은 일본 국화國花라면서 얼마나 천시했느냐.
무슨 벚꽃 축제라도 열게 되면
마치 섬나라를 그리워하는 것처럼 학대까지 했다.
다행스럽게 벚꽃의 원산지를 제주라고 확인해 주어 누명은 벗었지만
그렇다고 경쾌한 것만도 아니다.

제군!

우리가 이파리보다 꽃을 먼저 피는 것
이는 허기진 벌 나비와 함께 지내고자 함이다.
다시 한번 강조하노니
우리 벚꽃은 결코 인간 제군을 위해 피는 것 아니다.

한 가지 더
명심할 것이 있다.
우리 벚꽃은 새봄 맞이의 역할이 끝났다고 여겨지면
미련 없이 떠날 채비를 한다.
화우花雨
'꽃비'라는 말을 들어 보았을 것이다.
우리 벚꽃은 때가 되면 살랑거리는 봄바람에도
이웃과 함께 최후를 맞이한다.
줄지어 떨어지는 그 장렬한 임종.
우리가 도달하는 꽃비를 보면서
제군들!
뭐 느끼는 것 없느냐.

구질구질하게 사는 것은 정말 질색이다.
차라리 절정에 올랐을 때
모든 욕망 내려놓고
미련 없이 떠나는 용기를.

제군들은 이해하기 어렵겠지만
올봄에도 어김없이 이룩한 꽃비의 향연!
온몸으로 쓴 유언이라고 말하고 싶지는 않지만.

벚꽃 훈화
오늘은 여기서
끝!

허공

그때는 그랬다.
허공은 아무것도 없는 줄 알았다.
하늘을 쳐다봐야 보이는 것도 별로 없었다.
어쩌다 해와 달이나 별들이 보이기는 했지만
참, 구름은 많기도 했다.
그렇지만 허공은 늘 비어 있다고 생각했다.

바람 불고, 태풍 오고, 번개도 쳐주고
구름 자리에서 빗방울도 주고
겨울에는 하얀 눈송이도 주고.

허공은 뭔가 가득 차 있는 풍요로운 보물창고
이를 외면했던 못난 시절의 맹목盲目.
눈에 보이지 않아
아무것도 없다고 깔본 지난 세월.

허공!

정말 미안해서 하늘 향해 고개조차 들 수 없겠구나.

놀고 있는 땅

도시를 멍청하게 걷다가
건물과 건물 사이의 공터를 만났다.
금싸라기 땅처럼 보였다.
그래서 그런가, 사람들은 거길 보고
놀고 있는 땅이라고 불렀다.

처음부터 제 자리를 지키고 있을 뿐인데
놀고 있다고?
하기야 묵언 수행승을 보고
놀고 있다고 말하는 사람도 있을지 모르지
자신의 진면목조차 잃어버린 주제에.

오늘
나는 진짜 놀고 싶구나.

태풍 피해

- 이번 태풍에 무사했는가요?
- 저는 평소 몸무게를 높여놔서 끄떡없었습니다.
스님 계신 절에는 피해가 없었습니까?
몇 해 전 태풍 때
키 큰 소나무들 여러 그루가 넘어졌었는데요.
- 올해는 거금 들여 미리 전지剪枝 작업을 해놓아
다행스럽게 피해는 없었습니다.
- 하기야 가지가 꺾이고 뿌리 뽑히는 소나무들
더 이상 있으면 안 되겠지요.
- 모두 다 가지를 쳐내면서 덩치를 작게 한 덕분입니다.
키 작은 풀이나 나무들은 태풍 때도 아무 일 없지 않습니까?
- 그렇군요.
고개 숙일 줄 아는 풀들은 태풍에도 별 탈 없이 잘 넘어가지요.

서울을 지운 것

대낮인데도 저녁 어스름 같다.
남산이 희미하다.
고층빌딩조차 사라졌다.

뿌연 하늘은 시민들의 발걸음을 묶어놓고
마스크 장사만 수지맞게 했다.
노약자 외출 조심 경보는
착륙하려던 비행기조차 되돌려 보냈다.

수도권 미세먼지 비상저감조치
환경부의 안전 안내 메시지는
서울을 지웠다.

하찮은 것이라고
눈에도 보이지 않을 만큼 작은 것이라고
우습게 여겼던 미세먼지.

하찮은 것들끼리 모여
대도시 서울쯤이야 쉽게 날려버릴 수 있는

미세먼지.
오, 위대한 고농도 초미세먼지!

꽃의 경고

나는 꽃이다.
인간 족속들이 감탄사를 연발할 정도로 예쁘다는 꽃이다.
하지만 그대 인간들아,
예쁜 것이 무엇인지 제대로 알고나 있느냐.
우리 꽃은 그대들을 위하여 예쁘게 있는 것 아니다.
그대들은 벌과 나비도 아닐 뿐더러
더군다나 새도 아니다.

새들은 억만 가지의 색깔을 구별할 줄 알면서
우리 꽃들의 자태를 즐길 수 있지만
그대 인간들은 새의 눈꼽 만큼도 능력 없단다.
그러니 욕심부리지 말라.

다시 한번 경고하노니
우리 예쁜 꽃들은 인간 족속을 위하여 있는 것 아니다.
새만큼 색깔도 구별하지 못하면서
아름다운 꽃 어쩌고저쩌고

꽃 타령 함부로 하지 말라.
반의반도 볼 줄 모르면서
고상한 척 주둥이 함부로 놀리지 말라.

예쁘다고
꺾기만 좋아하는 인간 족속들아.
우리 꽃은 너희들을 위해 있는 것 아니다.
나비만도 못한 주제에 함부로 넘보지 말라.
도대체 꽃 타령은 뭐고, 또 꽃놀이는 뭐란 말이냐.

꽃은 꽃답게 그냥 놔두라.

껍질

장작불을 지핀다.

소나무 껍질은 불씨 되기는커녕
연기만 시꺼멓게 뿜어낸다.

껍질 벗긴 바짝 마른 나무
연기 대신 붉은 불꽃 피워주며
온기를 건네준다.

세월의 앙금
내 몸에 쭈글쭈글 껍질로 남아
불쏘시개는커녕
착한 이웃 눈물이나 흘리게 하는
허접한 황혼이다.

먼지 천국

네팔 여행을 간 친구가 문자 메시지를 보냈다.
- 여기 카트만두는 먼지 천국이다.
먼지?
자동차가 많은 나라도 아닌데 무엇 때문에 그럴까.
혹시 비포장도로에 오토바이가 한몫하는 걸까.

나는 답장을 했다.
- 원래 먼지 한 톨에 삼천대천 세계가 다 있다 했으니
먼지 대신 천국만 안고 돌아오라.

사실 먼지는 형태도 없고 만질 수도 없으니
그렇게 호들갑 떨 일도 아니다.
일찍이 모든 형상은 다 허망하다고 일렀거늘
먼지도 먼지라고 이름 지어주니 먼지일 따름.
허망하다는 것을 온몸으로 알려주고 있는 먼지
먼지.

게다가 천국까지 이루고 있다니
한 소식 들려주는 것 아닌가.

먼지 천국!

안개

안개가 고속도로를 삼켰다.
질주하던 나도 풍경과 함께 휘청거렸다.

남은 것은 그야말로
오리무중五里霧中!

나는 갈 길을 잃었다.
늘 그랬다.
비록 안개가 걷힌다 해도.

이팝나무

간밤에 봄비가 내리긴 했지만
누가 흙바닥에 하얀 쌀밥을 흩뿌려 놓았는가.
이팝나무, 그대?

춘궁기에 이밥은커녕 보리밥조차
제대로 먹을 것 없던 시절.
봄이면 어김없이 찾아와
고봉으로 듬뿍 채워준 하얀 쌀밥.
허기진 배 움켜쥐고
만발한 이팝나무 하얀 꽃을 보면서
마음으로나마 배부르게 했던 고마운 꽃.
얼마나 굶주렸으면 작고도 하얀 꽃을 이밥이라고 했겠는가.
지금은 이팝나무로 저 멀리서 예쁘게 서 있지만.

어린 여학생은 이해하기 어려운가 보다.
저렇게 여린 꽃을 보고
하필이면 쌀밥을 연상했을까.

발음이 비슷하기는 하지만
나무 이름이 왜 이팝이냐고 타박하듯 묻는다.

생존 전략

우리는 잡초이옵니다.
귀하신 인간 나리들께서 우리를 귀찮고 쓸데없는 종자라고
짓밟기만 하는 잡초이옵니다
나리들이 우리보고 죽으라, 죽으라, 구박만 하고 있지만
어떻게 나온 이 세상인데 그냥 죽어줄 수만은 없습니다.
다 함께 잘 살면 얼마나 좋겠습니까마는.

우리 잡초에게도 생존전략이라면 나름 전략이 있사옵니다.
잡초라는 누명 쓰고 죽을 수 없기 때문입니다.
우리 잡초는 무엇보다 무지무지하게 많은 씨를 만듭니다.
아주 작은 씨라 우스울지 몰라도요.
힘이 없으니 씨라도 많이 만들어야 하지 않겠습니까.
오래전 기차길 옆의 가난한 집에 아이들이 많다는 이야기도 있었지만
물론 우리 경우와는 좀 다르겠지요마는.
기차길 옆!
헤헤헤.

우리 잡초는 작은 씨를 널리 퍼지게 하지만
그렇다고 다른 꽃이나 채소처럼
씨 뿌린다고 무조건 다 발아發芽하지는 않습니다.
우리에게 특수한 전략이 있기 때문입니다.
바로 잠자기
휴면休眠 전략입니다.
우리 잡초는 싹 틀 시기를 기다리면서 휴면 기간을 갖습니다.
기다리는 인내심은 값진 것 아닙니까.
발아에는 적절한 물이나 햇볕 등
조건이 맞아야 싹을 틔웁니다.
아무 데서나 아무 때나 새끼를 내지르지 않는다는 말이옵니다.

발아 조건이 맞으면 싹을 틔우지만
그렇다고 한꺼번에 모두 고개를 쳐들지 않습니다.
우리 씨들은 일정한 순서 없이 들쑥날쑥 세상에 나와
몰살당하는 기회를 피하고자 합니다.
그래서 나리들께서 뽑고 또 뽑아도 계속 솟아오르는 나쁜 놈들이라고
욕하는 이유이기도 합니다
핍박당하다 보니 스스로 깨친 전략입니다.
중요한 것은 우리 동족끼리는 절대로 해코지하지 않는다는 점
거기다 싸우지 않고 살겠다는 생활 신조를 지키고 있다는 점입니다.

감히 인간 나리들께 하소연 삼아 한 말씀 올렸습니다.
짓밟고 또 짓밟아도
고개를 드는 나쁜 놈들이라고 욕만 얻어먹고 있는
우리 하찮은 잡초
이제 물러날까 하옵니다.

누가 진짜 잡초인지 알 수 없지만.

不二 – 연꽃

우리 보고 흙탕물에서도
잘 자란다고 칭찬했던가요.
아니, 흙탕물을 오히려 정화시킨다고 감탄했던가요.

세상에 흙탕물이 어디 따로 있는가요.
물은 물
다 똑 같은 물.
무엇 때문에 겉만 보고
이리저리 갈라치면서
끌탕으로 세월을 흘려보내고 있는가요?

꽃도 피고
열매도 맺고.
밝은 햇살도 끌어안고
어두운 밤도 끌어안고.

밀물 썰물 가리지 않는 바다.

세상은 다 하나.
다 한 몸.

호박의 저항

친구가 사진 한 장을 보냈다.
커다란 호박덩이를 찍은 것
정말 제멋대로 생긴 알몸이었다.
하지만 몇 줄의 '주석'이 무릎을 치게 했다.

씨 뿌린 적도 없고
돌봐준 적도 없는데
담장 옆 나무줄기를 타고 올라가
커다란 호박을 만들었단다.
그것도 나뭇잎이 다 지고 난 다음에야 비로소
알게 되었단다.
이에 반갑고 놀라워서 사다리 타고 올라
밑둥을 싹뚝 잘랐지만
아직 덜 익은 상태.
친구는 이를 '호박의 저항'이라고 이름 짓고
반성했다는 이야기다.

저 높은 곳에서 혼자 쑥쑥 자랐던 노란 달 덩어리
하필 사다리는 왜 옆에 있었을까.
아니, 사다리 타령?
허허허.

숨긴 향기

그리다 만 것 같은데
검은 줄 몇 가닥이 가슴을 치는구나.

제목까지 〈수선화〉라고 붙이고
게다가 낙관落款까지 했으니 미완성은 아니라는 것.
이렇듯 '엉성한 그림'으로 화가는 무슨 이야기를 하려 했을까.

수선화
향기가 빼어나다고 오래전부터 예찬받던 꽃.
하지만 그림 속의 꽃은 잘려나가 그려지지 않았고
심지어 뿌리조차 허공에서 떠돌고 있다.
정말 수선화를 그린 그림이 맞는가.
검은 먹의 붓질로 몇 가닥 이파리만 담은 그림
비록 향기는 숨겼지만
오늘 나의 심금을 울리는구나.

명말청초明末淸初 왕실의 후손으로 살았던 팔대산인

그는 나라를 잃자 출가하여 세상을 등지고
붓 하나로 한 많은 세상을 건너냈다.
꽃을 그려도 다른 화가들처럼 남정네들의 욕망을 그리지 않고
저항과 풍자를 은밀히 담았다.
난초조차 뿌리 뽑힌 노근란露根蘭을 그리워했고
심지어 떨어지는 꽃잎 하나만 화면 구석에 그리기도 했다.

팔대산인八大山人이라고 세로로 서명했지만
어찌 보면 소지笑之로, 아니면 곡지哭之로 읽히게 했다.
껄껄 웃거나 통곡하거나
다 한세상이라는 듯
한恨을 녹여냈다.

그렇다면 왕조의 멸망도 겪고
아니, 식민지로 아예 나라까지 빼앗겨 본 이 땅의 화가들
그들은 과연 무엇을 표현했는가.
유민遺民 화가라는 단어조차 없는 아주 아름다운 나라!
우리나라 좋은 나라!
꽃을 그려도 향기만 가득 채우려는
아주 훌륭하고 아름다운 우리나라!

소나무와 음풍농월

나으리!
저 돌쇠, 오늘 한 말씀 올리고자 하옵니다.
나무꾼 노릇하기 너무 힘들어서 그러합니다.
예전에는 도성에서 이삼십 리만 나가도 나무 한 짐 지고 올 수 있었는데
지금은 오륙십 리를 나가야 겨우 채울 수 있기 때문입니다.
조선 땅은 헐벗은 민둥산
우거진 숲 보기는 날로 어려워지고 있습니다.

하지만 나으리!
나으리는 산천 유람하면서
소나무 같은 나무나 화초를 즐기면서
즉흥시도 쓰고 그림도 그리고 있지 않습니까.
땔감 걱정은 아예 없고
산수를 음풍농월의 대상으로만 보고 있는 것 아닌가요.
지금이 어떤 때인데 음풍농월이라니요?
너무하옵니다.

높으신 분들은 어찌 그렇게 스나무만 좋아한단 말입니까.
조선은 소나무의 나라
그렇겠지요.
나라에서 인정한 유일한 산림 수종으로 내세워 대우하고 있으니까요.
하기야 소나무는 늘 푸르른 침엽수에 늠름한 귀티는 언제 보아도 멋있습니다.

소나무는 쓰임새도 많아 애지중지할 수밖에 없겠지요.
나라님의 궁궐부터 양반가의 기와집까지 건축자재로 귀하게 여겼고
소나무는 송진까지 있어 땔감으로 얼마나 귀하게 쓰고 있습니까.
바싹 말린 소나무는 연기조차 나지 않아 불쏘시개로도 일품이고요
우리네 부엌 아궁이에서 활활 타오르는 불길을 만들어 주고요
바닷물을 가마솥에 가득 넣어 소금 만들 때나
왕실용 사기그릇 굽는 분원 가마에서 불 지필 때나
임란 때 판옥선을 비롯 물 위에 띄울 배 만들 때나
소나무는 그렇게 우리네 살림과 가깝게 있습지요.

나라에서는 송정松政인가
뭔가 소나무 정책을 특별히 관리하고 있지 않습니까.
소나무를 마구 베면 엄벌에 처한다면서 보호했지요.
하지만 목구멍이 포도청인 아랫것들
궁색한 살림살이에 나무꾼 노릇을 어찌 포기할 수 있겠습니까.

게다가 왕조시대 후기에 이르러 겨울 날씨는 왜 그렇게 추워져
맨바닥에서는 잠을 잘 수 없게 한답니까.
그전에는 임금님이나 세도가의 집에서만 볼 수 있었던 온돌방
이제 온 나라로 퍼지게 되었습니다.
온돌방 유행은 곧 산림의 황폐화로 직결될 수밖에 없었지요.
도성 안에서 땔나무 값이 날로 치솟는 것은 당연한 일
아랫것들 살림살이만 더 힘들게 되었습니다.

나라가 기울어지고 있는지
산천의 초목도 울고 있습니다.
헐벗고 굶주리는 나날은 우리네 백성들뿐만 아니라
숲의 신세도 마찬가지
민둥산은 민망해서 보기조차 안쓰럽게 합니다.
그런데도 나으리는 나라를 경영하겠다면서
산림 경영에는 왜 그렇게 무심한가요.
이 땅에서 자라고 있는 나무의 종류만 해도 1천 종이 넘는다는데
양반님네 책에서 열거한 나무 종류는 겨우 1백여 종입니다.
수종의 특성에 따른 별도의 관리 정책은커녕
이름조차 지어 줄 기본도 되어 있지 않으니
어찌 나무를 위한 체계적 관리가 가능하겠습니까.
아니, 숲을 가꾼다는 개념이나 있는지 감히 여쭈어봅니다.

나으리!
산림을 자원으로 삼아 나라 살림에 도움 주려는 생각
한 번이라도 해 본 적 있습니까.
나무는 그저 수탈의 대상이거나
그저 완상玩賞의 대상일 뿐
호시절 다 놓치고 이제 민둥산을 보면서
풍류 인생 어쩌고저쩌고 마음이 편하십니까.

소나무는 보기에 좋지만
뿌리가 약해 큰바람만 불어도 쓰러지지 않습니까.
소나무 숲에 다른 '잡목'이라도 오면 경쟁에서 지지 않습니까.
조선의 소나무 정책은 실패한 정책
나무 정책?
언제까지 외면만 하고 있을 겁니까.

민둥산은 백성들의 헐벗은 뱃가죽
부황 뜬 얼굴입니다.
민둥산은 곧 이 나라 조선의 민낯입니다.
숲이 없으니 새들이나 짐승들도 다 사라지고 있습니다.
모두들 떠나는 땅에서 뭐가 살아남을 수 있겠습니까.

나으리!

조선 오백 년 동안 양반 가운데 생업 전선에서 나선 분 아무도 없고
누구를 위한 학문인지 모르겠지만
학문한다 뭐 한다면서 감투 쓰기에만 여념 없으니
이 나라는 도대체 어디로 가야 한단 말입니까.
헐벗은 민둥산을 보면서
흥청망청 술판에서 신바람이 납니까.
그게 진정 나리들의 풍류란 것입니까.

뭐, 풍류?

오리의 성생활

무슨 오리가 이렇게 생겼을까.
교미를 막 끝낸 검은배유구오리
빨간 주둥이에 짙은 갈색의 몸
넓적한 갈퀴의 분홍색 다리
그런데 꼬리 부분의
이 코일 같은 아주 기다란 돌출은 무엇인가.

하늘을 나는 새들은 모두 성기를 잃어
이른바 삽입의 즐거운 시간을 가질 수 없다 했는데
오리!
너는 어떻게 이럴 수 있는가.
그렇구나.
타조나 키위 새 같은 날지 않는 조류는 종자부터 다르다는 것.
하늘 나는 걸 포기한 대신 성생활을 즐길 수 있다고?

아르헨티나에서 발견된 푸른쿠리오리
녀석의 덩치는 겨우 30cm 크기에 500g 정도의 몸무게.

그런데, 그런데
수컷의 음경은 물경 42cm!
제 몸보다 훨씬 기다란 '물건'
이 어찌 가능하단 말인가.
기네스북 기록 담당자도 놀라 넘어지겠구나.

뭔 성기가 그래?
교미기가 되면 수컷은 평소보다 열 배 이상으로 늘려
그야말로 킹사이즈를 만든다는데
암컷 성기의 복잡한 구조 덕분에 그렇게 진화했다고 그러는데
기다란 것만 능사가 아니고 코일처럼 꼬불꼬불 꼬여 있다는데.
암컷은 시계방향으로 꼬여 있고
수컷은 그 반대 방향으로 꼬여
합의만 하면 찰떡궁합을 이루는 특이한 구조라는데.

암컷은 성폭력을 방지하기 위해
그렇게 복잡한 구조를 갖게 되었다는데
그 덕분에 암컷의 성 선택권은 절대적이구나.

푸른부리오리
나는 것을 포기한 대신 섹스를 즐길 수 있는
새

참으로 특이한 조류.
오리!

킹 사이즈!!!
부럽냐? 이 난봉꾼아!

거대한 꽃, 그러나 뿌리가 없는

내 이름은 라플레시아입니다.
멀리 동남아시아에서 왔습니다.
누구는 저를 보고 너무 예쁘다고 감탄하지만
무엇보다 놀라는 것은 크기 때문이지요.
뭐, 세상에서 제일 큰 얼굴이라나, 뭐, 거시기라나...
하긴 그렇게 놀랄 일도 아니지만
꽃의 지름만 해도 1미터가 넘기 때문에 그렇겠지요.
뭔, 꽃이 그렇게 거대하냐고요?
죄송합니다.

내 이름은 라플레시아입니다.
꽃만 크지 뿌리와 줄기는 어디에 있느냐고 모두 놀라는
바로 그런 특종, 단연 독보적 존재할 수 있지요.
남에게 얹혀산다고 욕해도 어쩔 수 없지만
다른 식물들처럼 뿌리 내리고 줄기 세우려면 힘이 들잖아요.
저는 그따위 중간 과정을 다 건너뛰고
평생 꽃 피우기에만 주력하는 편이지요.

뭐, 잘못됐나요?

내 이름은 라플레시아입니다.
뿌리도 없고, 줄기도 없다고
그래서 기생이라고 손가락질하겠지만
기생도 능력이 아닌가요.
그래도 우리 가족들에게는 최소한의 윤리 같은 것도 있어요.
모두들 즐거우라고 예쁘게 단장할지언정
배 불리기 위한 짓 이른바 착복은 하지 않는다는 점이에요.
착복 같은 어두운 일은 강 건너 어떤 사회에서 많이 일어난다고 합디다만.

내 이름은 라플레시아입니다.
꽃만 화려하게 피우고 있지만
사실 저 자신만을 위한 과업은 아니잖아요.
숲을 아름답게 꾸미고
나름 우리 사회를 아름답게 꾸미려고 하는 순정을 알아주세요.
얹혀살아 미안하지만 그렇다고 주인집을 망하게 하지는 않아요.
하지만 우리네 생존에 위기가 닥쳐 언제까지 연명할지 아슬아슬하답니다.
강 건너에서 온 괴물들은 우리네 삶의 터전
숲을 마구마구 난도질하기 때문이지요.

그자들은 날카로운 칼날 휘두르는 걸 왜 그렇게 좋아할까요.
아저씨, 어디 불편하세요.
뭐라고요?
"나, 지금 떨고 있니?"

2부

멸종위기

단절! 인왕산 호랑이 이야기

백두대간 좁다고 활보하던 호랑이
한양 도성 출몰하기 좋아해
인왕산 드높은 바위 자락에도 납시었구나.

조선 왕조 창업하니
백성들 사는 모습 궁금하여 시찰 왔는가.
산중호걸山中豪傑 호랑이!
드디어 구중궁궐 창덕궁까지 진출하여 새끼도 낳았구나.
포도대장에게 내린 추상같은 어명御命
포획된 호랑이의 크기에 따라 푸짐한 상도 있었다네.

호랑이는 귀물貴物, 바로 그 자체였다네.
머리끝부터 발끝까지 하나도 버릴 것 없을 만큼 소중했다지.
한약방에서는 약재로 인기 품목이었고
뼈는 물론 발톱까지 장신구로 가졌고
심지어 호골주虎骨酒는 애주가의 가슴을 설레게 했다네.
그래도 뭐니 뭐니 해도 최고 인기는 가죽

오죽하면 호랑이는 죽어서 가죽을 남긴다고 했겠는가.
호랑이 가죽은 권세 있는 집안을 장식했고
심지어 거대하게 확대하여 그린 호랑이 가죽 그림
많고도 많은 호피도虎皮圖는 가문의 영광을 돋보이게도 했다네.

한반도 지형은 얌전한 토끼보다 용맹스런 호랑이를 닮았다는
바로 백수百獸의 왕.
민족의 상징으로 추앙받았던 호랑이
이제 전설 속에서나 겨우 만날 수 있단 말인가.
인왕산 호랑이는 사라진 지 오래되었고
백성들 삶에 그늘만 가득하다네.
우는 아이에게 호랑이 온다고 얼러댈 일은커녕
마냥 울어도 좋을 아이들 울음조차 사라지는
저출산의 나라로 바뀌었다네.
호랑이 사라지니 아이들 울음소리도 같이 사라지고 있는가.

"인왕산 호랑이 으르르르
남산의 꾀꼬리 꾀꼴꾀꼴."

거꾸로 매달린 호랑이

해남 대흥사 침계루의 처마 밑
참으로 별난 벽화 하나가 있는데요.
글쎄, 호랑이가 거꾸로 묶여 나무에 매달려 있네요.
그것 참, 호랑이가 벌 받고 있다니!

절에서 살생 금지는 당연하잖아요.
그런데 어떤 호랑이 녀석은 법회 때마다 내려 와
어슬렁거리다 계곡의 가재를 즐겨 잡아 먹었답니다.
이를 본 스님께서 호랑이를 불러 야단쳤습니다.
아무 데서나 목숨을 함부로 죽이지 말라!
호랑이는 한 번만 살려달라고 빌었겠지요.
다음 법회에 또 나타난 호랑이
가재를 잡아먹다가 스님께 들켰습니다.
이에 스님은 호랑이를 잡아 커다란 나무에 거꾸로 매달았습니다.
벌서고 있는 호랑이!
오늘도 침계루 벽에서 거꾸로 매달려 있네요.

이렇듯 별난 이야기가 사찰 벽화에 남아 있다니
얼마나 신나는 일인가요.
가재 몇 마리 잡아먹고 평생 거꾸로 매달려 벌서고 있는 호랑이.

뭐요?
처사님은 그런 그림 보러 갈 자신조차 없다고?
뭐, 어디가 불편하신가요.
가재 몇 마리 때문에 호랑이가 벌서고 있는데
사람 탈까지 쓰고 저지른 못된 짓 너무 많아 움찔움찔 겁난다고?
그래서 대흥사 근처에는 얼씬거릴 수 없다는 말인가요.
그것 참.
거꾸로 매달린 호랑이만도 못한…

허허허.

단절! 호랑이 가죽

한반도 지형은 연약한 토끼 모양이라고 우긴 섬나라
이 땅을 강제적으로 점령하고 못된 짓 많이 하더니
드디어 호랑이 모양의 한반도에서 호랑이 사냥에 혈안이 되었다네.
마을까지 내려와 피해를 주는 호랑이는 몰살시켜야 한다면서
명분도 그럴듯하게 내세운 호환虎患 퇴치!
전국적으로 해수害獸 구제驅除 사업이라는 미명 아래 동원된 사냥꾼들
이 자들의 횡포 때문에 호랑이 씨가 마르게 되었다네.

1920-30년대 약 20여 년간 잘았다는 해수.
당시 기록은 눈길을 끌고 있네.
포획된 호랑이 숫자는 100마리 정도
하지만 표범은 620마리가 넘었다네.
그렇다면 한반도는 호랑이의 나라라기보다
정확하게 표범의 나라였단 말인가.

범이라고 불린 호랑이는 덩치가 2미터도 넘는 용맹의 화신
온몸은 가로로 줄무늬 띠를 두르고 있는 멋쟁이였지.

특히 갈고리 같은 발톱은 천하무적의 무기
죽은 사체死體는 먹지 않는다는 산중의 최고 권력자였네.

시라소니라고 불린 표범은 호랑이보다 덩치가 작고 힘도 약해
호랑이를 '참호랑이'라고 했지만 표범은 '개호랑이'라고 불렸다네.
온몸은 점 무늬로 멋을 내 호랑이와 구별되었고.

호랑이는 죽어서 가죽을 남긴다고?
누가 그렇게 호랑이 가죽을 탐냈던가.
임금님은 외국 사신에게 귀한 선물이라면서 호피虎皮를 주었다네.
인조仁祖 시절인가, 청국淸國에게 준 갖가지 귀한 물품 속에 있던
호랑이 가죽 60장
뭐? 60장의 호피!
어떻게 그 많은 호랑이 가죽을 마련할 수 있었단 말인가.
어진 백성들만 깊은 산속에서 죽을 고생 했겠구나.
왕조시대에 마련한 호피의 숫자만 보아도 수천 마리의 희생을 짐작하게 하네.
왜 호랑이는 죽어서 가죽을 남긴다는 말을 남게 했는가.
가죽!

호피공납虎皮貢納 피해가 커져서 그런지 실물 대신 그림으로 바꾸었다네.

커다란 병풍으로 모신 호랑이 가죽.
물론 일반 백성들은 그런 그림 펼쳐놓을 공간도 없지만
비싼 그림은 호피와 더불어 그경조차 하기 어려웠던 세월.
그림은 섬세하면서도 품위까지 있어 귀물貴物이기도 했다네.
왕공 사대부들에게 핍박받던 신분의 전문 화가들, 그들이 뽑아낸 걸작 중의 걸작
호피 장막도는 책가冊架를 가리는 커튼처럼 사용하여 더 멋지게도 했지.
조선의 호피도
사실 표범이 더 많았다니 표넘 가죽을 그린 표피도彪皮圖.
옛사람 말이 맞았는가.
호랑이는 죽어서 가죽을 남긴다!
오늘도 미술품 시장에서 비싸게 거래되는 호랑이 가죽 그림.

식민지 시대 한반도에서 호랑이 씨를 말리게 한 침략의 검은 손도 있었지만
호피도는 오늘도 살아남아 이 땅의 정기正氣를 지키게 하네.
호랑이 모양의 한반도에서 실물 호랑이 대신 호피도가 정기를 보듬고 있네.

호랑이는 죽어서 가죽을 남긴다.
그렇다면 사람은 죽어서 뭘 남긴다고?

까치호랑이

영축산 통도사는 삼보사찰 가운데도 진신사리를 모신
이 땅의 으뜸가는 불보佛寶 사찰입니다.
오늘도 큰절의 해장보각海藏寶閣 벽화가 눈길을 끌고 있습니다.
거기 덩치 큰 호랑이와 까치가 다정하게 있걸랑요.

원래 호랑이는 벽사辟邪의 상징으로 우리 겨레와 친하게 지냈습니다.
백호白虎는 사신四神 가운데 하나로 서쪽이나 가을을 의미했지요.
고구려 벽화에 자주 나온 호랑이
세월이 흘러 계견사호鷄犬獅虎의 하나로 모셔졌고
새해가 오면 대문에 행운의 세화歲畵로 인기를 끌었습니다.

절에서 호랑이 그림을 만나는 것은 아주 자연스러운 일이지요.
특히 이 땅의 사찰에는 다른 나라와 달리 산신각이 있고요
거기 알록달록 색깔로 투박하게 그린 산신도를 봉안했지요.
얌전한 호랑이를 곁에 둔 하얀 수염의 산신.
눈만 들면 보이는 것은 우리 강토의 높은 산 능선
거기 산신이 있어 호랑이를 맘대로 부렸다네요.

통도사 벽화의 호랑이는 몇백 년 묵은 노령인데요.
호랑이는 소나무 가지 위의 까치와 다정하게 어울리고 있습니다.
이른바 '까치호랑이'
이 땅에서만 유별나게 즐겨 그려진 까치호랑이 그림.
사찰 벽화까지 올라왔으니 민간에서는 두말할 필요조차 없겠지요.

까치호랑이
이는 중국의 표작도彪鵲圖와 연결된다는 주장도 있습니다만
즉 중국어의 표彪는 보報와 동음同音이어서
소식을 알린다는 의미이고,
까치는 원래 희소식을 알리는 길조吉鳥로 알려져 있지 않습니까.
그래서 까치와 호랑이의 결합은 보희報喜 즉 '기쁜 소식을 알린다'는 것
이런 염원의 뜻을 이미지로 담았다니 아주 멋져 보입니다.
아하, 그림에 담겨 있는 뜻이 좋으니 누구나 좋아 했겠네요.
까치호랑이!

하지만 좋은 덕담에도 불구하고 마음이 불편한 까닭은 무엇일까요.
까치호랑이 그림이 그렇게 많이 그려졌다는 의미
그것은 역설적으로 그 시대가 그만큼 살기 어려웠다는 반증이지 않을까요.
왕조시대 말기와 식민지 시대에 크게 유행한 까치호랑이 그림
얼마나 살기 어려웠으면 도처에서 기쁜 소식을 기다렸을까요.

까치호랑이 그림이 무슨 부적이나 된다는 말인가요.
오늘날 까치호랑이 그림은 최고급 명품이라고 예찬하지만
우리만의 창의적인 작품이라면서 비싸게 거래되고 있지만
그림 속의 '기쁜 소식'은 어디 가야 들을 수 있는가요.
아예 기대조차 하지 말라고?
이 땅에서는 이미 사라진 호랑이
그러니 어디 가서 진정 까치호랑이를 볼 수 있단 말입니까.

동물원 울안에 갇혀 있는 호랑이
박물관 진열장 안에 갇혀 있는 까치호랑이 그림.
이는 우리들의 기쁜 소식까지 박제된 과거에 갇혀 있는 것 같아
불편하기 그지없네요.
다만 통도사 벽화에 모신 까치 호랑이
불보佛寶 사찰에서 가피加被를 내려주니
거기 까치호랑이는 복도 참 많네요.

우리 기쁜 소식 만나러 통도사에 갈까요!

멸종위기! 사향노루

웬 난봉꾼의 무기인가
페르몬인지 뭔지 사랑의 묘약이라고 알려진
사향麝香.

수컷인데도 뿔은 없고
기다란 송곳니를 입 밖으로 내밀고
가슴에는 두 줄기의 띠를 둘러 멋을 냈구나.
게다가 순하게 생긴 노루야.
어찌 그대는 배와 배꼽 사이에 향낭香囊 차고
향 내음 뿌리면서 이성을 유혹하느냐.

유혹하는 향 내음은
인간동물의 욕망까지 자극하여
금값보다 비싸게 거래되니 결국
그대들 씨까지 말리게 되었구나.
사향노루야.
유혹의 향 때문에 사랑의 시간은커녕

사냥의 표적이 되어 씨가 마르게 되었구나.
사랑의 유혹!
사냥의 유혹!

멸종위기! 여우

성냥갑에 쥐꼬리 가득 담아 오기
어린 시절 시골에서 받았던 학교 숙제
참 유별나기도 했다.

보리고개가 있었던 시절인데도 쥐들은 왜 그렇게 많았을까.
드디어 서생원 퇴치운동은 나라를 휩쓸었다.

쥐약 먹고 죽은 쥐들이 도처에 널려 있게 되었다.
그러면서 여우들 보기가 어려워졌다.
쥐약 먹은 쥐들을 먹은 여우
결국 여우 사냥까지 대대적으로 한 꼴이 되었다.

현재 여우는 멸종위기 1급 야생동물이다.
정부 차원에서 보호해야 할 단계까지 이르렀다.
사람을 해치지 않아 더욱 친근했던 여우
그 여우가 이 땅에서 사라지고 있다!

멸종위기
여우!

여우야, 여우야
뭐 하니?
죽었니, 살았니?

멸종위기! 수달

민물 생태계 먹이사슬의 꼭대기를 차지하고 있지만
습지를 좋아하는 포유류
잠수 능력 있어 물고기를 잡는 반수생半水生 동물
수달!

늘씬한 유선형 몸매에
겉과 속이 다른 털옷을 입고 있어
물속에서 살기 좋게 되었다는.
심지어 짝짓기도 물속에서 할 정도라니.

수달!
그대의 멋진 털가죽은 드디어
인간동물의 사치품으로 등극하게 되더니
탐욕의 검은 손을 마구마구 투르게 되었구나.
사치는 끝이 없는 허영의 나락
그 누가 막을 수 있겠느냐.

게다가 이 무슨 소리냐.
하천은 폐수로 가득한 오염지대
아예 숨조차 쉬지 말라고 목 조이고 있구나.

밤에만 활동하는 야행성의 수달
이제 밤을 지새운다 해도 너를 만날 수 없게 되었구나.
오염된 나라
허영의 나라
야행성의 그대를 만나기 위해 밤을 지새운다 해도
뜬눈만 불쌍해지는 나라
강남의 불야성만 더욱 반짝거리는 나라.

멸종위기! 박쥐

골동품에 자주 나오는 박쥐 문양
박쥐의 복蝠 글자가 행복의 복福과 음이 같아
다산과 행복의 상징으로 삼았구나.

동굴 같은 데서 끼리끼리 모여 살면서
밤에만 활동하는 야행성
하필이면 이름이 박쥐란 말이냐.
'밤눈이 밝은 쥐'에서 '밤쥐'가 되었다가
결국 '박쥐'로 굳어졌는가.

앞다리와 뒷다리 사이에 얇은 날개 같은 비막飛膜 있어
자유스럽게 날아다닐 수 있는 유일한 포유류
새도 아니면서 새처럼 날아다니는.

야행성 아니랄까 봐 밤이 되면 곤충 같은 먹거리를 찾는구나.
사람조차 들을 수 없는 음역대의 초음파로 무장하고
어둠 속에서 활개 치고 다니는구나.

이게 무슨 날벼락이냐.
살충제 마구 뿌린 덕택으로 곤충 식단 차릴 수 없게 하더니
인간동물은 이제 둥지 틀고 살던 굴까지 마구 파헤쳐
그대들을 막장으로 몰았구나.

옛사람들은 박쥐 문양을 부적처럼 모시면서 다산을 기원했고
나름 행복한 나날을 맞이했지만
이제 잠시도 안심할 수 없는 불안 공화국
세계 최저 수준의 출산율에 최고 자살율까지 기록한 나라
결국 국가적 위기까지 자초하고 있구나.

멸종 위기! 박쥐.
멸종 위기! 인간동물.

멸종위기! 담비

귀엽게 생긴 데다가
윤기까지 나는 검은 털옷
모피毛皮는 우수한 품질로 오랫동안 교역의 인기 상품이었구나.

카자흐스탄-알타이 산맥-몽골-아무르 강-발해
이름하여 '담비 길'
이 교역의 길이 탐이 난 러시아는 아예 검은담비를 찾아
시베리아를 거쳐 두만강 부근까지 관할 지역으로 확장하여
새로운 시대를 열었구나.

고기보다 꿀을 좋아하는 담비
벌집 앞에서 말벌을 먹이로 삼지만
고라니와 멧돼지의 천적 노릇까지
게다가 농촌 마을에는 해 끼치지 않는 고마운 존재.

하지만 최고급 품질이라는 모피
결국 인간동물의 탐욕을 자극하여 씨를 말리게 되었으니

이 어찌하면 좋겠느냐.

근조謹弔 담비!
근조 인간 족속!

멸종위기! 새

하늘과 땅의 사이
그 사이의 새
새는 자유의 다른 이름
그 전령사의 자태는 아름답기만 하구나.

두 날개 활짝 펴고 하늘을 나는 모습
얼마나 통쾌한가.

내가 나무들이 모여 있는 산자락으로 우거寓居를 옮기니
새들도 놀러 오지만
미안하구나.
알록달록 단장한 날씬한 몸매
처음 보는 듯 이름조차 모르겠구나.
그래도 뜨락의 나무에 앉아 노래도 불러주고
재롱도 떨어주니 이 얼마나 행복한 날이냐.

이 땅에 5백여 종의 새가 살고 있다는데

계절마다 달리하여 찾아오는 철새나 나그네새
그리고 오랜 세월 함께하는 텃새
모두들 다 고마울 따름이다.
새들아.
우리의 희망아.

예쁜아.
그런데 이게 무슨 날벼락이냐.
멸종위기의 새, 아니, 멸종! 뭐라고?

정부에서 지정한 멸종위기의 야생생물 246종 가운데
멸종위기 새가 61종으로 4분의 1을 차지하고 있다니
이 무슨 해괴한 변고變故냐?

새 한 종이 멸종하면 백 가지 넘는 생물이 사라진다는 말
이를 어떻게 감당하란 말이냐?
새야.
얘들아, 새야!
그대 새들이 없다면 인간동물도 살아갈 수 없다는 것 아니냐.

그대들의 집인 숲을 파괴한 죄
이를 어떻게 해야 좋단 말이냐.

흑고니, 황새, 저어새, 노랑부리백로, 매, 흰꼬리수리, 참수리, 검독수리, 청다리도요사촌, 넓적부리도요, 크낙새.

애들아, 멸종위기 제1급 조류로 분류된 애들아.

정말, 정말, 미안하구나.

하늘과 땅을 이어주는 그대들이 없으면
우리는 어떻게 살라는 말이냐.
면목 없어 차라리 입 다물어야 하겠지만.
나는 어쩌란 말이냐.
새들아
자유야.

멸종 위기! 검은머리갈매기

1

예전에 서해안 새만금 갯벌을 막는 대대적인 토목공사 때
환경 문제 등의 이유로 반대 운동은 매우 드높았지요.
어떤 작가는 아예 새만금 바닷가의 허름한 창고로 이주하여
새만금 지킴이로 작업하기도 했습니다.

작가는 갯벌에 솟대를 세우기 시작했어요.
원래 고대 사회에서 솟대 구역은 성역처럼 거룩했었지요.
작가는 솟대에 새, 물고기, 게 같은
갯벌의 원래 주인들을 새겨 드높게 모셨습니다.
바닷가의 솟대 행렬은 장쾌하고도 장쾌한 진풍경이었고
이를 알고 밀물과 썰물도 반갑게 찾아와 관욕식灌浴式을 거행했습니다.

2

누구나 자랑하는 서해안 갯벌

정말 세계적인 규모의 갯벌이어서 바다의 깊은 뜻을 실감하게 합니다.
갯벌은 많고도 많은 생명들이 어울리면서 살아가는 마을
게다가 텃새는 물론 철새들도 단체로 몰려와 머물다 가는 낙원이기도 합니다.

검은머리갈매기
그는 텃새답게 갯벌에서 고운 자태를 뽐내고 살았습니다.
특히 번식기가 오면 하얀 보관寶冠을 까만 깃털로 멋부렸습니다.
검은머리갈매기
이제 이 멋쟁이를 갯벌에서 만나기 어려워졌습니다.

괴물들의 탐욕
갯벌 매립이다, 뭐다, 갯벌을 쉴새 없이 학대하고 있으니
그곳 입주자들은 어떻게 살 수 있겠습니까.
갯벌 지우기의 매립지 공사는 결국 갯벌 주인들을 몰살했고
더불어 검은머리갈매기도 텃새 자리에서 물러나야 했습니다.

토목공사 공화국의 제노사이드!

멸종위기! 참달팽이

'빨리빨리' 초고속 나라에서
참 더디게도 이동하는
대한민국의 고유종
참달팽이!

남도 자락 홍도 같은 섬에서 살고 있는
완두콩 크기
단단한 껍질로 동그랗게 지은 집에
띠무늬 장식으로 멋부리고
평생 끌고 다니면서 살고 있구나.

노마드 생애
머무는 곳이 현주소
떠난 곳은 더 이상 미련도 남기지 않는구나.
참달팽이!

그대 몸에서 나오는 점액질 추출물

인간동물에게 유용하다든가 어떻다든가
보습 크림, 마스크 팩, 염색약, 비누 등등
상품 개발의 원료 되어 남획의 대상으로 올라 있구나.

느리게 살기
온몸으로 실천하고 있는
아주 단출한 살림.
한 두어 번 사계절을 살면서도 빨리빨리 서두르지 않는
느린 걸음조차 음미하는 평생.

지금은 다 어디로 갔느냐.
무허가 건물이라 하여 모두 철거되었느냐.
느림보라고 아예 거세를 시켰느냐.

멸종위기! 가시고기

수컷은 집을 짓기 위하여 열심히 일하는구나.
물속의 풀들을 모아 마련한 둥지
암컷은 새집에 들어와 알을 낳고
'그냥' 죽는구나.
대물림이라는 임무를 마치면
이내 임종에 이르는 암컷
위대한 죽음이구나.

알의 부화를 위해 산란장을 지켜주는 지극정성의 부성애
드디어 새끼들이 커 둥지를 떠나면
수컷은 임무를 마쳤다는 듯
스스로 임종을 맞이하는구나.

둥지느러미 앞에 날카로운 가시가 열 개쯤 있어
가시고기라는 이름을 가진 민물고기
자식 보기 위해 평생을 살았는가.
산란장에서 죽은 암수 한 쌍의 장렬한 최후.

죽음까지 바쳐 자식 생산하면 무엇하는가.
결국 환경 파괴는 가시고기의 부모 사랑조차 보기 어렵게 했으니
2세 본 즉시 죽음의 길로 나서는 부모
이런 생애는 어디 가야 볼 수 있단 말인가.

멸종위기! 소똥구리

어렸을 때 많이 보았던 소똥구리
어찌하여 지금은 한 마리도 볼 수 없을까.
하기야 들판에서 소를 볼 수 없게 되었으니
당연한 현상이란 말인가.

소똥구리는
소똥을 굴려 경단처럼 만들어
그 속에 방을 만들어 알도 낳고 살았다.
소똥 자체가 없어졌으니 어디서 생활 터전을 마련할 수 있겠는가.

예전의 농가라면 으레 소 한 마리씩은 길렀다.
물론 재산목록 제1호로 집안에서 식구처럼 함께 살았다.
하지만 오늘의 시골에서 외양간은 사라졌다.
소고기 소비량은 날로 증가하고 있지만
이들 소는 모두 공장에서 대량 사육되는 상품일 따름이구나.

소똥이 없어졌으니 그에 의지해서 살던 소똥구리조차 사라졌고

게다가 오염된 산천은 더군다나 견딜 수 없게 해놓았고.

들판에서 소를 보는 목가적 풍경이 사라져 아쉽기 그지없는데
소똥구리마저 없어져
어린 시절의 추억 자체가 몽땅 지워져 버린 것 같구나.

멸종위기! 쌍꼬리부전나비

그대의 아름다운 자태
많고도 많은 비늘 가루의 날개가 빛에 반사되니
색소를 지닌 것보다 아름답구나.
날씬한 두 개의 부채꼴
접었다 펼쳤다
너무 멋지구나.
겨우 새끼손가락만큼도 되지 않는 작은 몸이면서.

그런데 이게 무엇이냐.
꼬리 부분에 두 개의 돌기가 있어
마치 머리 위의 더듬이처럼 보이는 것은.

천적들은 으레 머리부터 공격하니
위장 전술로 위기를 피하려고
꼬리를 머리처럼 꾸몄단 말이냐.
그래서 쌍꼬리 나비라는 이름이 붙었구나.

그런데 이것은 또 무엇이냐.
무슨 부모가 자신의 새끼를 남의 집에 맡겨놓고 키우게 하다니
암컷은 개미들이 잘 다니는 길목에 알을 낳고
부화하면 개미들에게 신호를 보내 애벌레를 데려가게 하는구나.
탁월한 입양 전략
개미들은 특별하게 애벌레를 돌보면서
몸에서 나오는 달콤한 물로 목을 적시는구나.
공생 관계라 할까.
개미둥지에서 살면서 천적의 공격을 피하게 하는
나비의 전략.

쌍꼬리 나비면 무엇 하는가.
개미집에 맡겨 어린아이를 잘 기르게 하면 무엇 하는가.
오염 산하는 그대들 터전 자체를 앗아버렸는데
어디서 날개를 활짝 펼칠 수 있단 말이냐.

아름답지만 불쌍한 나비야.
독특한 생존 전략의 나비야.

멸종위기! 붉은점모시나비

세상에 이런 한평생!
겨우 일주일 살자고 그렇게까지 곱게 단장하고 나올 수 있답니까.

반투명 모시 같은 하얀 날개의 나비 이야기입니다.
세모꼴 날개에 가느다란 줄을 치고
도장 찍듯 동그라미 점으로
예쁘게 단장한 나비.

붉은점모시나비는 6월 중순에 알 낳고
알 속에서 여름잠을 잔 애벌레가 12월 초 부화합니다.
그들은 세포를 얼지 않게 하는 특수물질도 있어
영하 48도까지 견딜 수 있다 합니다.

하지만 그 나비는 멸종위기 곤충입니다.
바로 온난화 이유 때문
지구가 뜨거워지는데 나비라고 무사할 수 있겠습니까.

이 나비의 짝짓기 습관은 참으로 특이하다 합니다.
한마디로 수컷의 욕심.
짝꿍과 관계를 맺으면 아예 암컷 거시기에 단단한 방어벽을 쳐놓아
다른 수컷과의 관계를 원천적으로 막는다는 것입니다.
내 새끼만 낳아라!

스프라기스sphragis는 일종의 생식기 마개라 할 수 있어
암컷을 독점하려는 수컷의 봉쇄용 무기라 할 수 있습니다.
무슨 정조대도 아니고
예쁜 나비들 세계에서 이런 희한한 일도 다 있네요.
난봉꾼들은 스프라기스 같은 무기에 귀를 크게 세울지 모릅니다만.

아니, 거시기 마개이건 뭐건
한눈팔지 말라고 암컷 단속한다 해도
기후 변화는 이들 나비 종류를 멸종시키려 위협하고 있으니
붉은점모시나비의 사랑법
언제까지 볼 수 있을런지...

사랑은 어찌 되는가요.
세상은 어찌 되는가요.

멸종위기! 제비붓꽃

덩치 큰 해바라기보다 더 강렬하게 안겨 온
그대, 아이리스!

폴 게티 뮤지엄에서 만났던가.
빈센트 반고흐의 붓끝으로 모셔진 고운 자태
쭉쭉 뻗은 이파리마다 물들인 파란 피
화가는 요절했는데 그대는 영생을 얻었구나.

바이칼 호수에서
극동 섬나라의 국보 그림으로 지폐에까지 오른
붓꽃
부지런도 하구나.
봄소식 먼저 알려주는 각시붓꽃
햇볕 막는 활엽수가 숲을 다 차지하기 전에
복수초처럼 부지런하게 꽃 피우고 열매를 맺는구나.

커다란 녹색 이파리 사이에 다소곳이 앉아 있는 자태

세 개씩 매달린 자주색 꽃
수술은 암술머리 뒤에 숨어 있고
꽃밥은 하얗구나.
마치 꽃잎에 제비를 올려놓은 것 같아 이름도 좋은
제비붓꽃.

다른 친구들은 한참 떠들면서 싱싱해지는 여름에
그대는 말없이 시들어 버리는구나.
아무리 부지런하다지만 왜 그렇게 서둘러 떠나는 것이냐.

멀리 떠난 누이가 돌아와 파란 치마 펼쳐놓고
푸르른 각혈 받아낸 이른 봄의 전령사.
개봄맞이, 순채, 각시수련, 조름나물 등과 함께
멸종위기 야생식물 제2급의 목록에 오른
이 땅에서 자생하는 아이리스.

잘못하면 명화 속에서나 겨우 볼 수 있게 된단 말이냐.
누이야.
푸른 각혈 쏟아내고 있는 누이야.

제비붓꽃아!

멸종위기! 가시연꽃

물은 고여 있으면 썩게 마련이지
하지만 연꽃을 심으면 깨끗한 연못이 되지 않는가.
이를 정화淨化 작용이라 하든가.
아무리 흙탕물이라 해도 자신의 몸은 항상 곱게 치장하고
화사한 꽃과 푸르른 치맛자락 펼쳐주는.
처염상정處染常淨
붓다의 자리까지 올라 연화세계 이룩하는 꽃.
연꽃.

연꽃 가운데 온몸에 가시가 있어 달리 불리는 가시연꽃.
내가 창녕 우포늪에서 실컷 보았던 꽃.
물고기들도 좋아하던 가시연꽃.

한해살이 가시연꽃
개발이란 미명으로 습지가 없어질수록 만나기조차 어렵구나.
인간 사회가 날이 갈수록 혼탁해지니 연꽃들도 세상을 떠나는구나.
가시연꽃

삽질 공화국은 더 이상 꼴 보기 싫다면서 이 땅을 떠나는구나. 가시연꽃.

멸종위기! 매미꽃

매미꽃이 위기라 합니다.

원래 매미꽃은 남부지역 한반도의 특산물입니다.
땅에 붙을 정도로 키를 낮추어 꽃을 피우고
씨앗에 독특한 성분 있어
개미들을 유인합니다.
물론 개미들은 매미꽃 씨를 먹고 여기저기 퍼트려 줍니다.

문제는 꽃 피는 시기가 자꾸 빨라지고 있다는 점입니다.
지난 40년의 관찰 기록을 보면
개화 시기가 2주 정도 빨라졌습니다.
꽃피는 시기에 모든 일정을 맞추었던 개미들은 낭패를 당하고
아예 다른 동네로 이사 갔습니다.
자기 발로 걸어가겠다는데 누가 말릴 수 있겠습니까.
애타는 것은 매미꽃뿐
결국 불임까지 걱정해야 하는 나날입니다.

온난화는 꽃피는 순서나 시기를 엉망으로 만들어
생명 위협과 종족 보존의 위기를 만들고 있습니다.
지구가 뜨거워져 모든 생명체에게 악영향을 끼치니
그야말로 비상시국이 아닌가 합니다.

꽃 노릇조차 제대로 하지 못하게 하는
지구촌의 용광로 열기.
꽃이 사라지면 벌레도 그렇고 새들도 그렇고, 또 동물들도 사라질 것이고
마침내 비수는 인간의 가슴을 과녁으로 삼지 않겠습니까.

비상 탈출구조차 찾을 수 없는 아름답기 그지없는 꽃들
아름다운 지구 화원을 마구 망치고 있는 인간동물들
이 자들에게 뭔가 특단의 조치를 꺼내와야 하겠습니다.

특단의 조치?
특단.
인간동물을 멸종시키기 전어 무슨 뾰족한 수가 있다고
특단?
뭐라고!
그래도 정답은 하나뿐이란 말입니까.
인간동물의 멸종!
정말?

3부

화택火宅

불이야, 불!

불이야, 불!
좋아, 좋아, 이왕 붙은 불 훨훨 타오르거라.
차라리 온 천지를 몽땅 태워 이참에 폐허로 바꾸거라.
지화자 좋다! 신나는구나.
불이야, 불!

화탕지옥 먼 데 있는 줄 알았더니 바로 여기에 있구나.
염라대왕 납시어 인간동물을 심판하는 곳, 바로 여기구나.
성경에도 지구 종말을 경고한 바
바로 불의 심판을 받는다 하지 않았는가.
이제 드디어 심판의 날이 다가오고 있구나.
어허, 좋을씨구, 불바다로다, 불바다!

불이야, 불!
숲을 태우고, 산야를 태우고, 도시를 태우고, 마침내 모든 것을 태워라.
지구를 거대한 용광로로 만들어라.
화탕火湯 지옥이 멀리 있지 않음을 증명해 보자.

뭐, 증명까지 할 것도 없다.
인간동물의 업보는 스스로 불바다를 자초하고 있었으니
어허, 신난다.
자고로 불구경은 괜히 신바람난다 했으니
저절로 어깨가 으쓱거려지는구나.
비록 내가 불구경하다 이승을 떠날지언정
심판의 화탕은 바로 지금 여기
불, 불, 불!

불이야, 불!
지구의 주인이 마치 인간 족속인 듯
독과점 체제로 큰소리치면서 개발이다, 뭐다, 난리 치더니
숲을 없애고 자꾸 도시를 만들더니
대량생산에 대량소비로 자본만을 신처럼 떠받들더니
꼴 좋다.
드디어 망해가는구나.
어흥, 아주 잘 되었도다.
지하에 꼭꼭 숨겨놓은 석유와 석탄
누구 맘대로 마냥 뽑아 쓰라고 했는가.
하늘의 허락을 받지 않았으니 도둑질이 아니고 무엇이란 말이냐.
게다가 도둑질 제일 많이 한 나라를 강대국이라며 큰소리치게 했고
자본 신주 모시면서 환경 파괴 앞장서는 것

이를 어떻게 처단해야 좋단 말이냐.
지구촌을 멍들게 하고 몸살 앓게 한 죄
이 땅을 중병 들게 하고
결국 지구의 모든 생명체를 위협하는 위기를 자초한 죄
어떻게 책임을 물을 것인가.
이른바 선진 강대국의 자본 놀음으로 그들 배만 부르고
피해는 가난한 나라로 몰리는구나.
돈을 위해서라면 기후 위기 사태고, 뭐고, 따지지 않고
지구를 몸살 앓게 하더니
드디어 멸망의 날 가까워지는구나.
없는 놈이야, 이렇건 저렇건, 늘 허둥거리고 있지만
있는 놈들이 저지른 못된 짓
어찌 멸종의 수렁으로 다 끌고 간단 말이냐.
그래도 좋다, 사나운 꼴 더 이상 보지 않게 되었으니.
오, 쌤통이다.

북극 빙하를 녹이고 육지의 만년설 녹여서
바다의 해수면을 자꾸자꾸 높이자.
저지대의 나라 해변 도시는 수몰시키고
계속 이어지는 폭염 기록
새롭게 자꾸자꾸 올려보자.
인정사정 볼 것 없다. 그냥 모두 죽어주면 끝이다.

찜통 지구촌이니
사막 같은 황폐화니, 걱정할 일 아니로다.
지구촌 찜통
고열에 타 죽어가는 생명
어찌 인간뿐이겠느냐.
동식물도 생명의 위협을 받고 있으니
너 죽고, 나 죽자.
더 이상 고통의 바다에서 헤매지 말자.

불이야, 불!
이참에 지구촌을 불바다로 만들자.
심판을 확실하게 끝내자
염라대왕 모셔놓고 화탕지옥 화끈하게 가동시켜 보자꾸나.
인간 족속
스스로 선택한 멸종의 길
누가 슬프다 하겠느냐.
아니다, 그렇게 한가한 소리할 사이도 없다.
그냥 순식간에 저승으로 직행하게 될테니까.
잘 되었도다.

불타오르는 집.
화택火宅 만세!

불바다 지구촌 만세!
폐허 만세!
폐허 만만세!

불이야, 불!
화탕지옥 만세!

여기는 '불난 집'입니다

'존경하는' 염라대왕님!
소생 이렇게 대왕님에게 고하는 것
불충인 줄 아옵니다만
지금 이 지구라는 별은 화탕지옥火湯地獄으로 바뀌어
선량한 백성들조차 살아생전에 지옥 체험을 하고 있습니다.
이에 안타까워 한 말씀 올리고자 합니다.

대왕님이시여!
지구는 날로 뜨거워져
일찍이 상상조차 할 수 없었던 사태가 도처에서 벌어지고 있습니다.
온난화라나 뭐라나
열받게 하는 일은 이제 다반사
폭염에 죽어 가는 사람들도 계속 나오고
지구는 점차 황폐화되면서 죽음을 재촉하고 있습니다.
문제는 소수의 강대국 돈벌이에 가난한 나라의 백성들만
속수무책 피해당하고 있어 억울한 현실입니다.

대왕이시여!
이제 지구촌의 환경 파괴 문제 등을 고하고자 하니
아무쪼록 지옥을 관장하고 계시는 판관으로서
커다란 방망이를 휘둘러 주시기를 비나이다.

인간 족속이 망친 지구촌의 생태 환경 문제
정말 이대로 놔두었다가는 불의 심판을 자초하여
멸망의 종착지는 멀지 않았다고 보여집니다.

지구는 현재 '불난 집'입니다.
집은 불타고 있는데 집안의 인간 족속들은 이를 모르고
계속 한눈팔고 있다는 점이 더 커다란 문제입니다.
화택!
활활 타오르고 있는 삼계화택三界火宅입니다.
이 위기의 화택.
언제까지 방관만 하실 겁니까.
불길은 자꾸 높아가는데
타 죽어 가는 생명은 자꾸 늘어가고 있는데
하여 지구촌은 멸망의 끝자락으로 치달리고 있는데.
불난 집의 위기는 외면하고 계속 딴짓이나 하고 있는 족속들
이를 어찌해야 좋단 말입니까.

염라대왕이시여!
인간 족속의 욕망으로 그르친 지구촌.
이 땅에서 살고 있는 모든 생명들
어여삐 여겨 뭔가 특단의 조치를 간절히 비옵나이다.

여기는 불난 집입니다.
불난 집!
화택
훨훨 불타고 있으나 놀이에 팔린 아이들처럼
인간동물은 한눈만 팔고 있는 거대한 화택입니다.
지구라는 집
지금 훨훨 불타고 있어
잿더미가 바로 코 앞에 와 있습니다.

불난 집
화택!

온난화라는 용어와 포장 기술

염라대왕님이시여!

언젠가부터 지구 온난화라는 말을 자주 듣고 있습니다.

지구 온난화global warming라니!

뭐, 그렇게 여유 있는 말이나 떠벌리게 놔두고 있습니까.

온난화라는 말은 사실 좋은 말로 들립니다.

온난화는 따듯하게 한다는 의미이니 더욱 그렇겠지요.

어떤 학자는 온난화라는 번역을 들어 '참으로 한가한 사람들'이라고 비판했습니다.

사실은 온난화 정도가 아니라

비등화沸騰化, global boiling라고 바꿔야 한다고 강조했습니다.

'열대화' 같은 표현도 적합하지 않다고 했습니다.

지구 비등화.

지구는 지금 용광로처럼 끓어오르고 있습니다.

물론 인간 족속의 못된 짓에 의해 스스로 불러 온 화탕지옥입니다.

1만 년 전의 빙하기가 가고 지구의 평균기온은 15도 정로를 유지했다하옵니다.
 지금은 16.5도를 넘어서고 있다는 것이지요.
 정말로 큰일입니다.
 문제는 이산화탄소의 농도
 산업혁명 이후 이 농도는 현재 0.042%를 넘어
 온실가스 배출 문제로 심각해지고 있다는 것입니다.
 대멸종의 주범은 바로 기후 변화였지 않습니까.

 그런데 한가하게도 지구 온난화 타령을 하고 있으니
 누가 이를 심각하게 받아들이려 하겠습니까.
 지구 온난화라는 부드러운 표현보다
 지구 가열에 의한 비등화 현상을 직시하도록
 엄중한 채찍을 내려야 할 것입니다.

 지구는 거대한 용광로
 날로 뜨거워지고 있는 거대한 용광로.
 이를 두고 어찌 온난화 운운 한가한 소리나 지꺼릴 수 있단 말입니까.

 온난화가 아닙니다.
 비등점을 치솟고 있는 지구 용광로의 시대입니다.
 이를 통촉하여 주옵소서.
 무슨 대 빙하기라도 다시 끌고 와야 한단 말입니까.

대왕이시여!
지구를 괴롭힌 인간 괴물에게 커다란 벌을 조속히 내려 주시옵소서.
온난화가 아니고
화탕 지옥의 용광로입니다.

진정 인류세가 맞는가[*]

염라대왕님!
인류세Anthropocene에 살고 있다고 큰소리 치는 족속들이 있습니다.
지구의 주인이 마치 인간 족속인 것처럼
날이면 날마다 그 족속들의 횡포는 점입가경입니다.
그렇지 않아도 지구의 반은 그 족속들이 점령하고
지네들 멋대로 마구마구 상처를 주고 있습니다.
말이 좋아 문명화이고, 도시화이지
사실 자연 파괴가 아닙니까.
숲은 날로 사라지고, 거대한 도시나 공단은 계속 확장되고,
고속도로니 철로니 뭐니 길은 자꾸자꾸 늘고 있습니다.
숲은 광활한 농지나 목초지로 바뀌고 있고
거기다 운하와 댐을 건설하여 물줄기조차 멋대로 만들고 있습니다.
숲길이 끊어지니 동물들이 살아야 하는 둥지 역시 사라지고
아니, 멸종하는 생물 종류가 날로 늘고 있습니다.

어떤 동물들은 인간 족속의 식탐을 채워주기 위해 가축으로 사육 대상

---

[*] 레이다르 뮐러 지음, 황덕령 번역, 『지구는 답을 알고 있었다』(애플북스, 2025, 참조)

으로 떨어졌고
　특히 양계장은 대량생산을 위한 공장처럼 운영되면서
　닭고기 생산 라인이라는 희한한 풍경을 새롭게 만들었습니다.
　현재 전체 조류 가운데 70%가 닭공장에 갇혀 있고
　어느 정도 자라면 도륙되어 고기덩어리로 바뀌고 있습니다.
　어떤 학자는 계산하기를, 지구상의 닭은 260억 마리 정도인데
　먼 후일 닭뼈로 인류의 지표를 조사할지도 모른다고 풍자했습니다.
　가히 닭고기 시대입니다.
　극동의 코리아는 희한하게도 '치맥'이라는 독특한 음식문화를 만들었는데
　튀긴 닭고기와 맥주와의 결합
　이는 해외에서조차 유명한 메뉴로 인기를 끌고 있다 하옵니다.
　불쌍한 닭
　옛 사람들은 계견사호鷄犬獅虎라고 네 가지의 동물을 아끼면서
　그림으로 그려 높게 대우했는데
　현대 사회는 닭이나 소 돼지 그리고 생선까지 오로지 먹거리일 뿐
　대량 생산 체제의 사육은 다만 일상생활의 상품으로 식탁에 올리고 있습니다.
　불쌍한 짐승들.
　인간족속의 미각을 위해 하나의 고기덩어리에 불과한 목숨들.
　진정 인류세의 진풍경이라고 넘겨도 좋겠습니까.

염라대왕님이시여!
도대체 인류세는 언제부터 시작되었길래
인간 족속이 지구의 주인인 것처럼 착각하게 놔두었습니까.

누구는 주장합니다.
농업혁명 당시부터 인류세는 시작되었다고.
그렇다면 숲을 파괴하고 경작지를 만들기 시작한 8천 년전부터
아시아 지역에서 벼농사를 재배하기 시작한 5천 년전 쯤부터라 합니다.
농업의 발달은 물론 인간 생활에 커다란 변화를 가져왔지요.
유목을 멈추고 정착민 생활은 그야말로 혁명이라고 부를 수 있겠습니다.
하지만 더 구체적인 인류세의 출발은 증기기관의 발명에 따른 산업혁명 때부터라고 합니다.
기계의 발명은 인간 생활을 획기적으로 바꾸었습니다.
더 빨리, 더 많이.
하기야 수천 년의 인간 역사에서 가장 위대한 발명은 바로 '바퀴'라고 주장한 학자도 있으니
바퀴야말로 현대 사회의 원동력으로 각광 받기에 충분하다 하겠습니다.
바퀴만 보면 굴리고 싶다고요?
원래 둥그런 것
원형은 하나의 모음으로 따듯하게 하는 그 무엇이 아닌가요.
바퀴의 역사는 현대 문명사와 같이한다 해도 지나치지 않을 것입니다.

인류세의 출발을 핵실험에 의한 방사성의 지구화학적 신호라는 학설도
있습니다.
1945년 최초의 핵실험은 방사선 물질을 전 세계로 퍼져나가게 했고
북구의 빙산 꼭대기는 물론 바다나 습지 같은 여러 지역에서도
방사능의 흔적을 발견할 수 있다 합니다.
방사능의 전 세계화
참으로 놀라운 현상입니다.
스스로 뭔가 자초하고 있다고 볼 수밖에 없는 것
숨쉬기조차 불안하게 하는 오늘날입니다.

염라대왕님이시여!
살기 편해져서 그런가
인간 종자의 숫자는 왜 그렇게 늘어만 가고 있습니까.
그렇지 않아도 지구의 주인이라고 콧대만 높아가고 있는데
그자들 숫자까지 폭증하고 있으니
열 받는 지구는 어쩌란 말입니까.
인구 가속화 현상은커녕 인구 폭발시대
불과 100년 전의 인구는 20억 명 정도였는데
현재는 80억 명을 헤아리게 합니다.
이토록 많은 인간 종자들은 도대체 무얼 먹고 살란 말입니까.
인구 폭증은 곧 자연 파괴와 동의어
폭군으로 군림하기 때문에 지구는 괴로울 따름입니다.

인간이 많아지니 별의별 희한한 일이 벌어지고 있는 바
자동차 경우도 그중 하나입니다.
제2차 세계대전 직후의 자동차 숫자는 4천 만대 정도였으나
오늘날은 10억 대 이상을 헤아리게 합니다.
하기야 세계 여러 나라의 자동차 생산 국가는 매일 같이 쏟아내고 있기에
자동차 숫자가 무슨 의미인지 잘 모르겠습니다만.
마이카 시대
이런 말을 들은 지 얼마 되지 않은 것 같은데
극동의 작은 나라 코리아도 자동차 생산 국가로 해외 수출량을 높이고 있습니다.
정말 오래 살고 볼 일입니다.
불과 한두 세대 전만 해도 상상할 수 없었던 일인데
그야말로 눈부신 산업 발전!
흥, 발전!
뭐가 발전이란 말입니까.

현대 사회는 에너지 소비량의 급증으로 상징하기도 합니다.
자동차는 공해의 원흉으로 지탄받고 있지만
정말 이산화탄소 농도의 급증은 심각한 문제입니다.
1950년의 이산화탄소 농도는 310ppm이었는데, 2020년은 412ppm으로 올라 갔습니다.
산업화 이전보다 지구의 기후는 1.1도 높아졌고

최악의 경우는 최대 4도까지 올라갈 수 있다고 경고하기도 합니다.
지구 기후의 급격한 변화는 당연히 폭염과 가뭄
그리고 폭우 같은 이변을 자즈 불러올 것입니다.

인류세, 흥! 좋아하고 있네.
지구는 망하고 있는데
아니, 인간 멸종의 시간표를 재촉하고 있는데
뭣도 모르고 주인 행세만 하려는 인간 족속.

염라대왕이시여!
시간이 없습니다.
인간 종자의 횡포를 더 이상 콜 수 없도록
새로운 세상으로 인도하여 주옵소서.

최고 수준의 이산화탄소 농도

염라대왕님!
이게 무슨 말입니까.

한반도 이산화탄소 배경 농도의 최고 수준!
국립기상과학원은 2024년 지구대기 감시 보고서를 발표한 바
관측 이래 최고의 기록을 올렸다는 내용입니다.
이게 무슨 말입니까.
이산화탄소를 줄이자고 말로는 마냥 떠들면서
역대 최고 수준의 현실이라니요.
아니, 일등할 게 따로 있지 이산화탄소 수치까지
일등 기록.
대단한 나라
위대한 대-한민국입니다.

이산화탄소 배경 농도의 심한 지역은 이렇답니다.
안면도의 경우, 430ppm으로 한 해 전보다 3.1ppm 증가
그 이전 10년간의 증가 폭과 비교하면 매우 높은 숫자입니다.

울릉도 429.0ppm.
2024년 지구의 평균 이산화탄소 배경 농도는 422.8ppm
이는 전년 대비 3.4ppm 상승한 것
하여 지난 10년 기간 동안의 증가 폭과 비교하면 단연 최고 기록이라 합니다.

기후 변화의 시대
지구 환경의 위기 시대라 하지만 이산화탄소 수치의 상승 폭은 우울하게 합니다.
그렇지 않아도 우울하게 하는 것이 지천으로 깔린 세상
하찮게 여겼던 이산화탄소까지 왜 난리랍니까.

염라대왕님!
이왕 신기록을 세우겠다면 대한민국의 이산화탄소 배출 일등 국가로 부추기면 어떻겠습니까.
일등주의 대-한민국
뭐라도 일등해야 좋아하는 대한민국
차제에 이산화탄소 기록까지 무조건 일등하게 하여
폐허의 모델 국가로 기록 세우게 하는 것은 어떠실까요.

이산화탄소 상승
일등 국가 대-한민국!

폭염으로 끓고 있는 지구

염라대왕님!

지구가 폭염으로 들끓고 있습니다.
이 얼마나 반갑고 다행스러운 희소식입니까.
지구는 더욱더 화탕지옥이 되어야 마땅하지 않겠습니까.
이 지경이 되도록 지구촌을 난도질한 인간동물에 대한 중대한 경고이기 때문입니다.
아니, 경고 수준을 넘어 엄벌만이 해답이옵니다.
천지가 무서운 줄 모르고 마구마구 날뛰면서
산천을 약탈하면서 오만가지의 환경 오염으로 가득 채운 인간동물
이들을 어찌해야 좋습니까.
어쩌면 폭염은 애교 수준일지 모릅니다.

본격적으로 여름도 오지 않은 2025년 6월 하순의 경우입니다.
스페인 남부의 기온은 46도까지 올라갔는데
이는 60년 만에 최고 기록의 폭염이라 합니다.
6월에 불과한데 46도의 폭염이라고 아우성입니다.

포르투갈도 40도 이상의 폭염을 기록했고
특히 수도 리스본의 동쪽 한 지역은 최고 46.6도까지 올라 갔다합니다.
이탈리아의 유명 관광지 역시 폭염의 최고 단계인 건강경보를 발령하여
로마의 콜로세움이나 트레비 쿤수를 찾는 관광객이 없다합니다.
그야말로 유럽은 펄펄 끓는 용광로입니다.

들끓는 지구촌 용광로
이 얼마나 멋진 일입니까.
불바다는 신나는 일
하기야 불구경처럼 신나는 구경은 없다는 말도 있지 않습니까.
폭염 만세!

미국 역시 폭염으로 1억3천만 명이 고통을 겪었고
자동차 안에 방치되었던 여러 명의 어린이가 죽었다합니다.
그야말로 폭염은 인간동물의 생명을 위협하고 있습니다.
이왕 위협하는 것
차제에 확실하게 끝장을 내면 어떻겠습니까.
온도를 더욱더 올려 50도, 60도, 마냥 올릴 수 있다면...
상상만 해도 신바람 나는 구경거리가 아니겠습니까.

기후 위기는 폭염으로만 심판하지 않고 폭우라는 매질도 있습니다.
아시아지역은 폭우로 인명 피해가 늘고 있습니다.

인도 어느 지역에서는 계속 사망자가 늘고 있고
파키스탄 역시 폭우로 불과 며칠 동안 1백 명도 넘는 사상자가 나왔고
홍수로 집과 교량이 무너졌습니다.

사우디아라비아 메카로 성지순례를 간 무슬림 5백 명 이상이 죽었고
세계 도처의 관광지에서도 죽음의 행렬은 이어지면서
폭염에 의한 피해는 날로 늘어나는 추세입니다.

염라대왕님!
지금 지구촌은 화탕지옥으로 인간동물은 살아서 미리 지옥 체험을 하고 있습니다.
만약 이들이 죽어 대왕님 앞에 서면 내려 줄 벌이나 제대로 있을지 걱정입니다.

좋다
좋아.
살아생전 화탕지옥을 체험하니 인간동물들 얼마나 좋겠는가.
스스로 저지른 죄업을 살아생전에 조금이라도 맛보고 있다니
이 얼마나 신나는 일인가.
땡볕 무더위가 오기 전부터 폭염 가마의 화기를 더 높여야겠습니다.
온도를 더욱 올립시다.
이런 판에 인정사정이라는 말이 왜 필요하겠습니까.

폭염 천지
폭염 시대
좋구나 좋아
폭염의 용광로
들끓는 지구촌!

폭염 경보

염라대왕님이시여!

불볕 무더위에 강건하시옵니까.
소인들은 그런대로 견디고 있어
겉으로 보면 태평성대 같지만
할 말이 없는 것은 아닙니다.

소생이 발 딛고 있는 이 나라는 얼마나 훌륭한 나라인지 모르겠습니다.
참으로 선정임을 매일 같이 실감하고 있으니
수시로 내려주는 당국의 '경보' 문자 메시지
감읍하게 합니다.
그렇듯 친절한 안내가 어디에 또 있을까요.
폭염 경보!

체감온도 35도 이상의 찜통 날씨
꼼짝하지 말고 고개 숙이고 있으라는 경고
이 얼마나 자상한 내용입니까.

외출 자제
야외 활동 금지
충분히 물 마시기
그늘에서 휴식
양산 착용
건강 관리 유의

야외에서 일하지 않아도 될 팔자라면 무엇 때문에 밖에서 일하겠습니까.
목구멍이 포도청인 아랫것들이 문제라면 큰 문제이겠지요.
누구는 땡볕 야외에서 일하고 싶어 일하겠습니까.

수면 시간이 엉성하니 모두들 정신 줄 놓고 슬슬 미쳐가는 계절
땀만 흘리면 다 끝날 수 있는가.
땀 속에 섞여 흐르는 눈물범벅의 아픔은 어찌해야 합니까.
이제 백성들은 흘릴 땀도 없어 속 눈물로 세월을 보내고 있습니다.

간밤도 열대야로 잠을 설쳤습니다.
심야인데 매미들은 왜 그렇게 울어댔을까요.
짝을 찾지 못해 조바심 때문에 악을 쓴 것 같기도 했지만
사실은 호젓한 밤이어야 할텐데 용광로 같이 열기만 높아지니
매미들조차 어쩔 수 없이
처절하게 절규했는가 봅니다.

불쌍한 매미들.
열대야 영향으로 밤낮을 헤깔리고 있는.

염라대왕님!
지구는 열 받아 날로 뜨거워지면서
용광로 시대를 열고 있습니다.
북극의 빙하가 녹고 대륙의 만년설이 녹아 바다의 수면을 높이고 있는데
태평양의 조그만 섬나라는 침몰 되어 아예 없어지고 있다는데
대국은 자본에 눈멀어
환경 문제를 심각하게 대처하기보다 체면치레 수준에서 머물고 있다 합니다.
지구 온난화, 아니 비등화 문제를 극복하기 위한 특별 대책은커녕
석유 장사 같은 것으로 더 열 올리고 있지 않습니까.
그네들은 지구가 멸망해야 정신 차릴지
미래가 참담합니다.

염라대왕님!

폭염 경고
고마운 일입니다만
백성들로 하여금 그늘 아래서 숨죽이고 있으라는
경고만 내리시니

도대체 이 나라는 어디로 가고 있단 말입니까.
내일에 대한 청사진이 없는 나라
진정성 없이 경고만 남발하고 있는 나라
하지만 내일의 희망조차 앗아가는 나라
자식새끼들의 부황 뜬 얼굴만 불쌍하게 하는 나라
더 이상 열대야 핑계조차 아뢸 수 없을 지경입니다.

친절 공화국.
대책 없는 폭염 공화국.
경보 공화국!

잠잘 수 없는 밤

염라대왕님이시여!

밤잠 자는 데도 돈이 든다면
이게 인간들 사는 세상입니까, 아니면 지옥입니까.

열탕 한반도입니다.
무더워서 살 수 없습니다.
낮은 그렇다 치고
밤이 되면 잠이라도 잘 수 있어야지 않겠습니까.
한 달 이상 열대야를 기록하고 있습니다.
한 달 이상의 열대야!
이제 가난한 사람들은 잠도 제대로 잘 수 없습니다.
우리 같은 무지랭이들이 무슨 통풍 잘되는 가옥구조를 가지고 있나요.
거기다 선풍기조차 마련하기 어려운데 무슨 에어컨 시설을 넘나 볼 수 있습니까.
아니, 선풍기 전기료조차 해결하기 어려운 살림살이에 무슨 에어컨?
그런 훌륭한 시설을 달아 준다 해도 전기료는 어떻게 감당하란 말입니까.

찜통 열대야의 여름입니다.
잠자는 데도 돈이 든다면
차라리 이 몸을 죽여 주시옵소서.
죽는 게 행복입니다.

저승 가는 노자 걱정은커녕
살아생전 밤잠 자는 데도 돈이 든다면
가난한 사람들은 어쩌라는 것입니까.

대왕님이시여!
잠자는 데도 돈이 든다면
차라리...

생명의 고향, 바다

염라대왕님이시여!

바다 또한 문제이옵니다.
인간 족속은 바다의 가치를 제대로 모르는지
아니, 가치를 외면하면서 날로 환경을 악화시키고 있습니다.

바다는 소중한 보배 중의 보배
행성 가운데 지구만이 유일하게 바다를 가지고 있지 않습니까.
거대한 바다!
그것도 지구 표면의 칠할 이상이나 차지할 정도
과연 지구라는 명칭이 맞는가 따져볼 필요도 있지 않겠습니까.
한마디로 지구地球, Earth 보다
수구水球, Ocean라는 표현이 더 어울린다는 의견도 있습니다.
물의 거대한 저장고 수구!
수평선 끝자락이 어디인지 알 수조차 없게 하는 거대하고 거대한 바다
몇 달을 항해해도 끝이 보이지 않는 바다
지구는 땅의 행성이라기보다

물의 행성입니다.

대왕이시여!
지금 바다의 덩치 자랑을 하려는 것은 아닙니다.
바다는 생명의 모태
바로 살아 움직이는 모든 존재의 고향임을 확인하고자 하는 것입니다.
생명!
이 얼마나 싱그러운 말입니까.

바다는 지구를 유지시키며 모든 생명체를 보듬어 주기 위해
한숨도 쉬지 않고 일하고 있습니다.
바다는 맑은 물이나 흙탕물을 차별하지 않고
어떤 강이든 이름도 묻지 않고 다 품어 주고 있습니다.
그뿐입니까.
바다는 민물을 받아 해수면에서 증발시킬 것은 다 날려 보내고
염분만 챙겨 짠물로 저장하고 있지요.
바다 품 안에서 살고 있는 무수한 어류들
다들 청정 환경에서 잘살고 있습니다.
소금은 부패 방지하는 데 효능도 있지 않습니까.
물고기들은 짠물에서 자라서 그런지 정갈하기 그지없고
 식도락가들은 맛도 최고라면서 아예 날것으로 먹기를 좋아하고 있답니다.

일식당이나 활어회 식당은 왜 그렇게 인기를 끌고 있습니까.
사시미는 바다의 혜택이지 않습니까.

바다는
살아 있기 위해
살려 주기 위해
해류와 바람과 또 많은 이웃들과 항상 일하고 있습니다.
특히 매일 같이 조석으로 일하는 밀물과 썰물
정말 쉴 사이가 없는 바다이옵니다.
휴식 시간조차 없는 불쌍한 파도에게 미안할 따름이지요.
파도는 바다의 숨쉬기
살아 있음의 증표입니다.
이를 갸륵하게 보았는지 하늘의 달님도 도와주고 있지 않습니까.

바다는 이산화탄소를 흡수하는 일종의 '이산화탄소 저장고'입니다.
문제는 육지에서 쏟아내는 이산화탄소를 어느 정도 해결해 주고 있다는 점
산소로 가득한 산하를 망치고 있는 인간 족속의 행패
이를 바다가 언제까지 보살펴 주어야 한단 말입니까.
은혜의 바다를 무엇 때문에 그자들은 쓰레기 무덤으로 만들면서
마구잡이로 오염시키고 있는지 모르겠습니다.

생명의 모태인 바다

바다는 생명의 고향입니다.

아무리 객지에서 못된 짓을 하고 다녀도 고향에 대한 순수한 마음은 버릴 수 없겠지요.

잠시도 쉬지 않고 일하는 바다

그런 성실한 바다에게 고마움은 몰라도 패악질이나 일삼고 있는 인간 족속

언제까지 참고 있어야 한단 말입니까.

바다는 늘 잔잔한 파문만 있는 것 아닙니다.

허리케인이나 쓰나미도 가지그 있고

구름을 움직여 폭우로 육지를 휩쓸어 버릴 수도 있습니다.

물은 생명 그 자체입니다.

인간의 몸도 대부분 수분으로 이루어지지 않았습니까.

그들은 정녕 물의 고마움을 다냥 외면해도 된답니까.

대왕님!

바다의 은혜를 잊고 오히려 핫패나 일삼는 족속들에게 엄벌을 내려 주옵소서.

더 이상 온정을 베풀 한가한 때가 아니옵니다.

허리케인보다 더 강력한 벌로 육지의 고등동물이라고 우쭐대고 있는 자들에게

철퇴를 내려 주시옵소서.

바다
생명의 바다!

온열질환

염라대왕님이시여!

이게 무슨 말입니까.
평소 써본 적도 없는 단어
온열질환
사람들은 타 죽고 있다는 뜻인가요.

정부 당국은 이번 폭염 경보 수준을 '심각' 단계로 높였다고
'선전'하고 있습니다.
경보 수준의 4단계는 관심, 주의, 경계, 심각, 이렇게 구분지었는가 봅니다.
현재 심각이라면 최고 수준
그렇다면 그 다음 단계는 무엇인가요.
사람들이 태양열에 다 타 죽어야 새 단어를 찾아 한 단계 더 높일 것인가요.
심각 수준이라고 단계만 구분지으면 죽을 사람이 살아난답디까.

이번(2025) 여름만 해도 온열질환을 앓은 환자 숫자는 1,500명 이상
거기다 사망자까지 생겨 10여 명을 기록했다 하옵니다.
땡볕 날씨가 선량한 사람을 잡고 있습니다.
사람뿐만 아닙니다.
폐사된 가금류만 해도 23만 마리를 훨씬 넘었고
양식장의 물고기 피해 또한 헤아리기 어렵다합니다.

온열질환이 무엇입니까.
해바라기조차 고개를 돌리면서
해를 마주 보려 하지 않는 뙤약볕의 여름
언제까지 이 땅의 사람들은 폭염으로 목숨을 잃어야 합니까.
내일모레가 입추라는데
땡볕은 더욱 기승부리고
어진 백성
숨 쉬고 살기 참으로 어렵습니다.

경계 단계이건 심각 단계이건
그 단계가 어떻다는 말입니까.
단어 놀이만 하면 당국은 할 일 다했다는 뜻인가요.
소인은 '심각'하기만 합니다.

이글이글 거리는 가마솥 더위에 익어버린 사람들

그들의 목숨줄만 심각합니다.
뭔가 특단의 조치를 내려야 하지 않겠습니까.
썰렁하게 문자 메시지 하나 보내놓고 공무를 다 마쳤다고 생각하는 공복들
과연 국록 먹을 자격이나 있는가 걱정입니다.

오늘의 경고
심각!
끝.

기후 변화

"우리는 오랜 빙하기 동안 어떻게든 생존하기 위해 다양한 정신적 적응을 이루었지만, 겨우 살아남는 수준에 불과했다. 그러다 운 좋게 '온화한 봄날'을 맞아 꽃을 피운 것뿐이다. 꽃이 위대한 것이 아니라, 봄볕이 위대한 것이다. 추위 혹은 더위가 닥치면, 곧 꽃은 지고 말 것이다." (박한신, <기후, 인구, 미래>, 『바람과 물』, 창간호, 2021)

염라대왕님!

우리는 운 좋게도 '온화한 봄날'을 맞아 그런대로 이 땅에서 살아가고 있습니다.
모두 하늘에 계신 태양 덕분인 줄 압니다.
하기야 태양은 숱한 에너지를 보내주고 있으니 모든 생명체의 은인입니다.
태양이 없으면 어디 목숨이나 부지할 수 있겠습니까.
모든 생명체는 태양 덕분에 살 수 있을 정도
태양이 지구에 끼치는 영향은 그야말로 절대적입니다.
춘하추동도 그렇고, 밤낮도 그렇고, 태풍이나 폭설도 그렇고,

모든 기후를 주재하고 계십니다.
태양은.

오늘날 이른바 지구 온난화 혼상의 주범은 흔히 이산화탄소라고 알려져 있습니다.
맞는 말이기는 하지만
이산화탄소의 입장에서 보면 약간 억울한 면도 없지 않습니다.
한마디로 지구상에 이산화탄스가 없다면 그 많은 생명체는 멸종될 것입니다.
애초 나무들도 이산화탄소 덕분에 살 수 있어
지구를 푸른 숲으로 가꾸지 않았습니까.
식물은 햇볕 받는 광합성도 중요하지만 역시 이산화탄소의 공급도 중요합니다.
문제는 초과 현상
뭐든지 넘치면 문제.
과욕은 파멸로 가는 지름길
인간동물의 주특기 가운데 하나는 바로 과욕
작은 그릇 하나 갖고 있는 주게에 웬 욕심은 그렇게 커다란지
그릇 밖으로 흘러넘쳐도 계속 타인의 주머니를 염탐하려 하는지
알 수 없는 종자입니다.

지구는 수천 년 동안 이산화탄소의 농도 280ppmv 정도를 지키다가

산업혁명 이후에 날로 악화되고 있습니다.
최근의 이산화탄소 농도는 420ppmv
불과 반세기 만에 4배 이상으로 증가했습니다.
그래서 매우 심각한 문제가 아닐 수 없습니다.
수증기가 많아지니 자연스럽게 끌고 온 온실 효과.

"인류가 현재처럼 온실가스를 내뿜어 기온이 산업혁명 이전 대비 섭씨 5도 상승할 때, 육상 생물은 최대 60%가 멸종 위기에 처할 것으로 예측되었습니다. 동식물 종의 절반은 이미 서식지를 고위도 및 고지대로 옮기고 있습니다. 식물의 3분의 2는 봄철 생육이 빨라졌습니다. 봄마다 나오는 개화 시기가 당겨졌다는 기사는 사실이었습니다. 해양에서는 1950년 이후 생물군이 10년마다 59km씩 북쪽으로 이동했음이 밝혀졌습니다. 온실가스 배출을 줄이지 않을 경우 플랑크톤이 감소해 수산자원은 최대 15.5% 감소할 것이라는 예측도 나왔습니다. 자연히 식량 안정성도 떨어질 것으로 예상되었지요. 온실가스 배출을 줄이지 않으면 2100년까지 경작지의 30% 이상에서 더 이상 작물과 축산 생산을 하지 못할 가능성이 제기되었습니다. 인류가 이런 식량난을 피하기 어려울 것이라는 비관적 전망도 나왔습니다." (윤신영, 〈지구의 순환에서 내일을 바라보는 법〉, 『첫 번째 기후과학 수업』, 위즈덤하우스, 2024)

기후 변화는 어두운 미래를 경고하고 있습니다.
하지만 당장 발등의 불이 아니라고 우기면서 시간을 끌고 있는 것이 인

간 족속의 행태
'불난 집'이라고 아무리 가르쳐 줘도 귀 막고 있으니
이 어찌해야 좋단 말입니까.

염라대왕님!
인간 족속에게는 더 이상 희당이 없는 것 같습니다.
그들에게 무엇을 더 기대할 수 있겠습니까.
방법은 역시 단 하나
폐허로 가는 길
멸망으로 가는 길일 것입니다.
그들이 스스로 재촉한 길이어서 사실 애통하지도 않을 듯합니다.
차제에 지구 멸망의 천지개벽 앞당겨 새로운 판을 짜는 것은 어떻겠습니까.

염라대왕님!
지구를 위해서라도
이 땅에서 살고 있는 인간 족속 이외의 모든 생명을 위해서라도
대멸종의 시기는 빠를수록 좋지 않을까 사료되옵니다.
통촉해 주옵소서.

휴교 조치

염라대왕님이시여!

폭염 때문에 세계 도처의 학교가 문을 닫고 있습니다.
최근 아프리카 수단에서는 폭염 때문에 휴교령을 내렸다하옵니다.
이런 일이 어디 아프리카뿐이겠습니까.
아시아의 여러 나라들도 이미 학교 문 닫은 곳 많습니다.
이들 학교 건물은 대개 단열되지 않는 양철지붕이고
에어컨은커녕 선풍기도 없는
이름하여 궁핍만 남아 있는 아주 열악한 집입니다.

가난한 나라가 무슨 죄입니까.
유엔환경계획UNEP의 보고에 의하면
온실가스의 약 80%는 세계 주요 20개국 즉 G20가 배출한다하옵니다.
이들은 지구촌을 온실가스로 꽉 채우고 난 다음에야 정신 차릴 것인지
심히 걱정스럽습니다.
선진국인지 뭔지 그들끼리 잘 살건 못 살건 알고 싶지도 않지만
무엇 때문에 아무 관계도 없는 다른 나라까지 피해 줘야 한단 말입니까.

경제 대국의 찌꺼기 때문에 가난한 나라가 입는 피해
이게 말이나 됩니까.
부자 나라 학생들은 에어컨이 있는 시원한 교실에서 공부를 더 많이 하는 반면
가난한 나라 학생들은 아예 학교조차 갈 수 없다니
그 교육의 격차는 세계를 더 불평등하게 하는 원인도 됩니다.

이른바 선진국이 잘 살기 위해
그들이 싼 똥을 무엇 때문에 가난한 나라가 덤터기 써야 하는가.
아프리카는 유럽의 식민지로 피 빨린 아픈 역사를 가지고 있는데
언제까지 그들의 그늘 아래서 피해를 보고 있어야 합니까.
강대국의 뻔뻔스런 태도가 심히 걱정되옵니다.

대왕님이시여!
모두가 잘 사는 세상을 만들기 위해 앞장서 주시길 간절히 비옵니다.
폭염 때문에 학교가 문 닫는 나라
더 이상 나오지 않게 해주시옵소서.
G20의 반성을 촉구하며
뭔가 획기적인 조치가 있기를 기대하나이다.
평등한 세상
모두 함께 잘 살 수 있는 세상
그런 세상을 기대조차 할 수 없다면

차라리 판을 뒤엎어 새로운 개벽을 이루어 주옵소서.

중대재해 처벌법

염라대왕님이시여!

일반인들에게는 생소한 법도 많지만
중대재해 처벌법이라는 것도 있는가 봅니다.

얼마 전 검찰은 한 건설업체의 대표를 불구속 기소했다 하옵니다.
그가 지은 죄
바로 중대재해에 해당한다는 것
폭염인데 안전장치도 없이 노동자로 하여금 일하게 했기 때문이랍니다.
물론 기업주는 노동 현장의 안전제일 조치를 취해야 마땅하지요.

건축 공사 현장은 열악하기 그지없습니다.
그늘다운 반반한 장치도 없습니다.
노동자로 하여금 열사병 걸리라는 무방비 상태이기도 할 것입니다.
열사병이 무엇입니까.
체온 조절하는 신경계가 고열의 자극으로 기능 상실할 때
온열질환으로 이어지고

급기야는 열사병이라는 고통의 나락으로 빠지는 것 아닙니까.

대왕님이시여!
폭염의 계절입니다.
체온보다 높은 온도의 찜통 날씨 여름입니다.
목구멍이 포도청인 선량한 백성들은 공사 현장이라도 나가야
자식새끼들 굶주린 배를 채울 수 있습니다.
그들에게 열사병 따위는 뒷전으로 밀리겠지요.
문제는 기업주의 안전 의식 아닙니까.
그들의 착한 기업 운영하기
하여 좋은 작업 환경 만들기
더 이상 무엇을 바라겠습니까.

착한 세상을 만들어
더 이상 열사병으로 희생되는 노동자가 나오지 않게 해주옵소서.
기업주에게만 책임을 넘기지 말고
노동 현장의 환경을 개선할 수 있도록 정책적으로 뒷받침하여
이제 중대재해 처벌법 같은 법이 무력하게 해주옵소서.

무엇 때문에 우리 사회는 열받게 하는 일이 많습니까.

아무럼 열은 좋은 것

냉혈보다 뜨거운 열정이 더 좋은 것
하여 열받게 하는 나라
우리나라 좋은 나라
허허허.

매미 울음

염라대왕님이시여!

도시 아파트에 사는 주민들의 원성이 아주 높다하옵니다.
매일 밤마다 귀를 먹게 할 정도로 심한 매미 울음 때문입니다.
이제 매미 소리는 울음도 아니고 노래는 더욱더 아니고
백성을 위협하는 하나의 소음 폭탄이라 하옵니다.
소음
매미의 폭탄 소음.

매미 울음은 60-80 데시빌 수준
요즘 서울에서 활개 치는 매미 종류는 말매미와 참매미라 합니다만
그놈들은 80 데시빌 이상의 소리를 낸다합니다.
아주 지독한 놈입니다.
그런 정도의 소리면 기차나 전철이 지나가는 소음과 같다고 합니다.
그야말로 화통을 삶아 먹었나 봅니다.

이제 여름의 매미 소리는 낭만도 아니고, 풍류도 아닙니다.

참매미의 울음은 대낮부터 사벽까지 이어지기 때문에
그냥 소음 공해라는 말로는 설명조차 할 수 없을 정도입니다.
이제 매미의 악쓰는 소리는 벅성들의 난청難聽 위험을 이끌고 있습니다.

매미가 거칠게 우는 까닭은 바로 인간 족속이 자초한 탓입니다.
원래 낮에만 활동해야 하는 매미지만
기후 위기시대의 폭염과 열대야는 매미들도 잠들지 못하게 한답니다.
열대야는 오후 6시부터 이튿날 9시까지
즉 해가 없는 밤의 최저 기온이 25도 이상을 지키는 현상을 말합니다.
밤에도 뜨거운 찜통
인간만 잠을 설치는 것이 아니라 매미 또한 마찬가지입니다.
지구 온난화 현상은 누가 만들었습니까.
게다가 도시의 가로등은 깜깜한 밤도 지워버려
매미들은 밤낮을 분간하지 못하고 심야에도 울어대고 있는 것입니다.

대왕님이시여!
매미들로 하여금 밤을 낮으로 착각하지 않게 해주옵소서.
매미들은 땅속에서 7년 정도 견디다가
지상에 나와 겨우 2주 정도 숟다 가는데
이들에게 밤낮을 헷갈리게 하는 것은 가혹한 형벌이옵니다.
야간작업반도 아닌데 더 이상 철야시킬 수 없습니다.
매미가 불쌍하지 않사옵니까.

매미 소리는 수컷이 암컷을 부르는 구애의 연가戀歌이옵니다.
그 처절한 절규를 시도 때도 없이 열창하게 하여
짝도 만나기 전에 스스로 자진自盡하지 않게 해주옵소서.
매미도 짝꿍의 얼굴이나마 보고 가야 하지 않겠습니까.

대왕이시여!
더 이상 열대야가 기습할 수 없도록 특별 명령을 내려
매미들로 하여금 달콤한 사랑의 시간을 갖도록 해주옵소서.
사랑의 노래
이제 예전처럼 낭만의 노래로 들을 수 있기를.
열대야의 열기만 높이지 말고
조명으로 깜깜한 밤을 지우지 말고
인간 족속 때문에 매미들이 멸종되지 않게 해주옵소서.

대왕님!
수컷 매미들로 하여금
편안하게 사랑의 노래를 부를 수 있게 하고
궁극적으로 백성들의 잠자리도 편안하게 해주옵소서.

일본의 하이쿠 대가 마쓰오 바쇼松尾芭蕉는 이렇게 노래한 적 있지요.
"너무 울어
텅 비어 버렸는가

매미 허물은"

매미의 울음
짧은 생애이지만 연가를 부르느라
결국 속은 텅 비고 허물만 남겼습니다.
이제 바쇼와 같은 낭만의 시대는 지나갔나 봅니다.
열대야로 밤잠을 설치고
매미 소리에 귀까지 멀어야 하는 고통의 여름밤
더 이상 계속되지 않게 조치를 내려 주시기를 비옵니다.

쌀값

염라대왕님!

쌀값이 폭염과 가뭄으로 폭등하고 있습니다.
물론 전쟁은 말할 것도 없고요.
사람답게 살기 정말 어렵다는 하소연 도처에서 넘치고 또 넘치고 있습니다.
사람답기는커녕 동물만도 못한 경우도 너무 많사옵니다.

유엔의 보고에 따르면
처절할 정도의 아사餓死 위기에 빠진 인간은 무려 2억5,800만 명이라합니다.
먹을 것이 없어 굶어 죽어야 하는 사람들
이들이 무슨 잘못을 저질렀다고 고통 속에서 헤매고 있어야 합니까.
굶주린 이들에게 무더위는 더욱더 가혹한 굴레로 덧씌워지고 있습니다.
게다가 가뭄은 농사까지 망치게 하여 먹을 것을 빼앗아 가기도 합니다.

대왕님이시여!
쌀값을 안정화시켜 굶주린 사람이 더 이상 나오지 않게 해주옵소서.
쌀은 생명입니다.
쌀, 쌀, 쌀!

폭염의 원인

염라대왕님이시여!

왜 사람이 무더위로 목숨을 잃어야합니까.
2019년의 경우, 찜통더위로 생명을 잃은 사람
무려 48만 9천 명이라는 통계가 있습니다.
더욱 참담한 것은
허리케인이나 산불과 같은 자연재해의 사망자를 모두 합친 숫자보다 많다는 점,
이 얼마나 무서운 일입니까.
어떤 자연재해보다도 더 무서운 폭염.
폭염!

물론 폭염 원인의 사망자 숫자에는 오존 오염(스모그)의 피해자를 포함시키지 않았습니다.
하지만 스모그 오염의 피해 역시 엄청난 숫자입니다.
매년 산불의 연기를 마시고 죽는 사람만 해도 26만 내지 60만 명이라 합니다.

연기는 산불의 현장에만 머무는 것 아니라
바람 타고 산 넘고 물 건너 멀리까지 가 피해를 줍니다.

2003년 유럽은 불과 며칠 동안 폭염으로 7만 명의 사망자를 보았습니다.
이 숫자는 베트남 전쟁에서 전사한 미군보다 많아 놀라게 했지요.
폭염은 그야말로 전쟁과 같습니다.
아니, 전사자보다도 더 많은 폭염 사망자를 내고 있으니
어쩌면 좋단 말입니까.

오늘도 도시의 17억 명은 폭염 피해로 시달리고 있습니다.
도시는 이산화탄소의 온상으로 더 심하지요.
2050년 세계 인구의 70%가 도시에서 거주할 것으로 예상하고 있습니다.
하지만 도시는 콘크리트 빌딩에 아스팔트 포장도로로 덮여 있어
폭염의 온도를 마구마구 올리고 있습니다.
같은 도시라 해도 숲이 있는 지역과 그렇지 않은 지역과의 온도 차이를
체감하게 합니다.
그러니 도시의 고온은 동식물들을 메말라 죽게 하고 있습니다.
물론 인간들이라고 모두 안심할 수 있는 처지는 아닙니다.
폭염에 죽어가는 사람도 많기 때문입니다.

온난화 사태로 1도가 올라갈 때마다
미국은 3천억 달러(1년 GDP의 1.2%)가 사라진다고 계산하기도 합니다.

돈 따지기 좋아하는 나라의 계산법이겠지만
폭염은 과외의 지출을 강요하고 있고
가난한 나라는 대책도 없이 피해만 더 키우고 있습니다.

무더위는 사람으로 하여금 정상 생활을 할 수 없게 하는 방해꾼입니다.
임산부는 유산 위험에 빠지고
심장 질환 등 건강 부실한 사람의 사망률은 올라가고
스트레스는 마구 올라 감정을 흔들어 댑니다.
이는 사건, 사건, 사건의 연속
바로 충동적 사건의 원인입니다.
자살하는 사람 많아지고
살인하는 사람 많아지고
폭력 사건 많아지고
강간 사건 많아지고.

그렇지 않아도 열받게 하는 일 많은 사회
설상가상으로 폭염까지 기승을 부려
사건과 사건
또 사건을 꼬리에 꼬리 물게 하고 있습니다.
폭염은 사회의 밑바닥부터 흔들어 대고 있습니다.

이제 폭염의 주범을 잡고

지구를 멸망의 늪으로 끌고 가는 자들에게 엄벌을 내려 주옵소서.
망설일 시간조차 없습니다.
그렇지 않아도 열받게 하는 세상
더 이상 열 받지 않게 해주시옵소서.
대왕님이시여!

화석연료

염라대왕님이시여!

찜통더위는 어디서 오는가.
바로 인간의 작품이라는 지적이 있습니다.
무엇보다 인간이 화석연료를 태운 결과라는 것이지요.

바다가 흡수하는 열량은 1초마다 3개의 핵폭탄이 터지는 열의 양과 비슷하답니다.
바다는 이렇듯 중요한 업무를 수행하고 있사옵니다.
그런데 이제 바다도 몸살을 앓고 있고
땅은 산소보다 이산화탄소 배출량을 날로 증가시켜 또 다른 문제를 일으키고 있습니다.
슬프게도 이산화탄소가 대기에 머무는 기간은 수천 년
누가 이를 청소할 수 있겠습니까.
이제 지구는 온난화 이전 단계로 돌아갈 수 없습니다.
폭염은 인간이 자초한 결과이옵니다.

문제는 화석연료

모든 화근은 바로 그 때문입니다.

한때는 노다지, 글자 그대로 효자 중의 효자라고 칭송이 자자했던 화석연료입니다.

따라서 인간 족속은 화석연료의 생산과 소비를 마구마구 늘렸습니다.

산유국들은 졸지에 부자가 되어 배 터질 정도이지요.

같은 지구촌에서 살아도 누구는 재벌 국가 사람이고

누구는 극빈 국가 사람으로 차별이 아주 심합니다.

화석연료라 하면 미국이 강국으로 세계를 흔들고 있습니다.

석유 없으면 미국은 마치 이류국가로 떨어질 것처럼

석유를 중요 자원으로 모시고 있습니다.

2023년 미국은 석유와 가스의 생산량을 최고로 기록했습니다.

4조 달러 정도의 수익 구조를 두 배의 생산량으로 증가해 수지를 보았습니다.

석유 팔아 치부하는 사이에 지구의 신음소리는 날로 높아만 갔지요.

그네들은 그런 신음소리가 들리지 않겠지만

치부致富는 치부恥部

누가 이를 심각하게 알까요.

영국의 석유회사 BP의 경우

원래 2030년까지 이산화탄소 배출량을 35% 감소시키겠다고 큰소리쳤

지만
지금은 태도를 바꿔 목소리가 작아지고 있습니다.
선진국 정상들이 모여 석유, 석탄, 가스 이용량
점진적으로 줄이겠다고 합의하면 무엇합니까.
실천 없는 합의는 정치적 체면치레일 뿐입니다.
망해가고 있는 지구 걱정보다 발등의 자국 이익
그리고 무엇보다 심각한 문제는 권력일 겁니다.
도대체 권력이란 무엇입니까.
왜 인간은 권력이란 마수에 걸리면 벗어날 줄 모르고
온갖 술수에 협잡과 음모 등
추잡한 나날로 지새우게 되는 겁니까.
더 이상 탕진할 여력조차 없습니다.

대왕님이시여!
권력을 부당하게 행사하는 자
과도하게 욕심을 내어 이웃에게 피해 주는 자
지구를 학대하여 환경 오염시키고 있는 자
이 자들 모두 대왕님의 면전에 세워 엄한 벌을 주옵소서.

이제 화석연료의 연옥煉獄에서 벗어나게 해주옵소서.
지구촌은 새로운 판 짜기를 기다리고 있는 태풍 앞의 등불입니다.
휘발유는 휘발揮發시키고

대체 에너지로 환경을 정상화시켜야 하옵니다.
휘발유를 몽땅 휘발시킵시다

휘발유 휘발!

열 받는 지구

빙하가 녹고 있습니다.
북극조차 기온이 올라 천년 만년의 빙하가 무너지고 있습니다.
빙붕이 녹아 바다의 수면을 높이고 있어
해안가 도시를 물바다로 만들고 있습니다.
아니, 남태평양의 조그만 섬나라 투발로는 물에 잠기고 있어
벌써 국민들을 옆 나라로 소개疏開시키고 있고
곧 나라 자체가 사라질 위기에 처해 있습니다.
빙하가 녹아 나라를 침몰시키는 꼴
어찌 이런 망측한 일도 다 생긴단 말입니까.

지구는 열병을 앓고 있고
인간 역시 중병으로 괴로워하고 있고
문제는 화근을 계속 이끌어
육지 전체를 공동묘지로 바꾸어야 정신 차릴 인간들인가 봅니다.
지구 오염의 위급한 상황
그야말로 비상사태임을 외면하고 있어 더 커다란 문제입니다.

그렇지 않아도 열대야 때문에 잠 못 이루는 밤입니다.

빙하 걱정을 하면 잠은 더 멀리 도망갑니다.

빙하기 때 얼어붙었던 영구동토층이 녹으면

정말 상상하기조차 싫은 최악의 상태

영구동토층이 녹으면 무슨 괴이한 사태가 일어날까요.

우선 잠자고 있던 병원체들이 일어나 춤추게 될 것입니다.

박테리아의 부활

박테리아의 부활은 지구 환경의 심각한 위해를 의미합니다.

이는 상상 밖의 사태로 이어질 것입니다.

그렇다면 스페인 독감이나 코로나19는 하나의 예고편에 불과한 수준

상상 밖의 팬데믹이 쳐들어옵니다.

지구는 온통 전염병의 온상이 되어

핵폭탄보다 더 무서운 팬데믹과 만나게 될 것입니다.

대왕님이시여!

오늘의 인간들은 마치 자기들이 태평성대에서 살고 있는 것처럼

왜 그렇게 무심할까요.

인간 소멸 위기의 팬데믹이 도래하고 있는데

어찌 음풍농월 허송세월로 쳐우고만 있답니까.

아니 되옵니다.

뭔 농월弄月?

진짜 달과 놀 줄도 모르는 자들

풍류가 뭔지도 모르는 자들
오직 출세와 황금 때문에 인생을 탕진하고 있는 자들
이들이 지구 오염에 앞장서고 있다해도 틀리지 않을 겁니다.

자연과 함께 인생을 즐길 줄 알면
결코 자연환경을 망치는 짓거리는 하지 않을 것입니다.
수기修己의 자세는 자연 앞에 겸손해야 한다면서
인간은 자연 앞에서 미미한 존재에 불과하다고 허리 굽히는 척하면서
웬 풍류?
자연 파괴에 앞장서고 있는 주제에 무슨 풍류?
두 얼굴의 인간들 때문에 도시는 더 열 받고 있습니다.

염라대왕님!
배웠다고 폼 잡는 자들
돈푼깨나 있다고 폼 잡는 자들
풍류 인생이라면서 고상한 척 폼 잡는 자들
이 자들을 몽땅 화탕지옥에 떨어트려 청소할 때입니다.
용광로는 그렇지 않아도 열받아 달아올라 있어
잡아넣기만 하면 됩니다.

열받게 하는 자들을 몽땅 잡아들여
화탕지옥으로의 직행

그것도 쾌속 질주의 직행
통촉하여 주시옵소서.

기후 변화 시대의 동물

온난화 피해는 사람들만 보는 것도 아닙니다.
지구가 열 받고 있는데 이 땅에서 함께 살고 있는 동물이라고 예외이겠습니까.

인간동물은 도시 개발 어쩌구저쩌구 하면서 자연을 마구 해코지했습니다.
문명 발달이라 하면 그만큼 자연은 괴롭힘을 당했다는 의미이겠지요.
인간은 오늘도 엄청난 규모의 숲을 없애고 있습니다.
숲을 파괴한 만큼 동물들의 살림터는 줄어들고 있습니다.
자신들의 영역을 **빼앗겼으니** 동물들은 할 수 없이 먼 곳으로 이동해야 합니다.
지난 20년 동안 4천 종의 동물 약 70%가 서식지를 옮겼다는 통계도 있습니다.
자신들의 터전을 잃고, 둥지를 **빼앗기고**
낯선 지역에서 새롭게 자리를 잡으려니 얼마나 고통스러웠겠습니까.

숲이라는 완충지대가 사라지니 당연히 동물 영역과 인간 거주지가 가까워졌습니다.
 이는 무엇을 의미하는 것입니까.
 바로 코로나19를 통하여 경험하지 않았습니까.
 동물들에 의한 바이러스 전파가 훨씬 가까워졌다는 뜻
 사람에게 바이러스를 옮기는 것들. 박쥐, 모기, 진드기 등.
 이 모든 불행은 인간이 이끌어 온 위기입니다.
 하기야 포유류 몸에 총 4만 종의 바이러스가 있고
 또 그 가운데 4분의 1정도는 사람에게 감염시킬 수 있다는 보고도 있습니다.

 숲을 파괴한 죄
 동물들의 서식지를 빼앗은 죄
 결국 동물에 의해 인간에게 전파하는 악성 바이러스
 강력한 팬데믹은 예고된 수순입니다.
 이는 그야말로 오래된 미래입니다.

 동물들의 터전인 숲을 파괴하여
 결국 인간의 위험 요소를 마냥 확장시킨 자들
 바로 인간, 이 자들의 만행에 대하여
 특단의 하명이 절실한 때입니다.
 지구의 주인이 마치 인간인 양 거들먹거리는 것
 인간동물은 자연을 마냥 수탈해도 좋단 말입니까.

대왕님이시여!
욕망의 화신에게 더 이상의 자비는 불필요하옵니다.
멸망 이후 자비가 무슨 소용 있단 말입니까.

땀샘 만세

이 찌는 듯한 무더위
어디로 도망갈 수도 없게 하는 무더위
그저 그늘에 앉아 땀만 식히고 있을 따름.

그래도 다행인 것은 땀 흘리는데 세금을 내지 않는다는 것입니다.
왜 발한세發汗稅 같은 것을 부과하지 않고 있는지
당국자는 바보인가 봅니다.
그렇다고 폭염에 별다른 대책
특히 근본적인 대책은 안중에도 없지만.

염라대왕님!
이 땡볕 여름 그냥 속수무책 땀만 흘리고 있습니다.

우리 몸에 있는 약 200만 개.
이 숫자는 무엇을 의미할까.
바로 우리 몸의 땀샘 숫자입니다.
눈으로는 볼 수 없을 정도로 세포처럼 작지만

그 덕택에 여름을 그나마 견뎌낼 수 있다고 합니다.
땀샘 덕분에 폭염을 보낼 수 있다는 작은 위안
부끄럽고, 아니, 자랑스럽지 않습니까.

땀샘은 우리의 얼굴, 손, 발에 많이 분포해 있다 합니다.
거기 땀샘에서 나오는 액체는 물
털 없는 사람은 얼마나 다행입니까.
한여름에도 두꺼운 털옷을 입고 있는 동물과 비교하면 양반입니다.
게다가 사람은 침팬지가 흘리는 땀보다 열 배 이상 많습니다.
그러니 땀 덕분에 여름을 흘려보낼 수 있기도 합니다.

사람의 몸은 여름에 적응하기 위해 우선 털을 버리게 했고
땀샘을 만들게 했나 봅니다.
(사람의 털은 hair, 하지만 동물의 털은 fur, 차별하고 있구나.)
머리 빼고 온몸의 털을 제거한 사람의 몸
그렇지, 두뇌는 중요하니까 털이라도 있어 보호해야겠지
그렇다면 이른바 속알머리 없는 남자, 주변머리 없는 남자
이들 독두족禿頭族은 어디로 가야합니까.

인간은 땀을 흘리기 때문에 그나마 폭염을 견뎌낼 수 있고
진화의 역사에서 앞장서게 되었나 봅니다.

땀샘 만세!
200만 개의 땀샘 만세!

땀 흘리는 데 세금을 징수하지 않는 바보들
그네들의 멍청한 행정 처리
발한세發汗稅를 외면하는 공무원 나리들
땀 흘리는 데 세금 받지 않는 나라
아주 훌륭한 나라.

땀샘 만세
땀 흘리기 면세 조치
만세
만만세!

열과 불 그리고 온도계

"태초에 빛이 있었으나 그전에 열이 있었다.
열이야 말로 만물의 기원이자 만물의 끝이다."(제프 구델)

고대 그리스 사람은 네 가지의 원소로 불, 물, 흙, 공기를 들었습니다.
이 원소들을 상대적 비율에 따라 다른 물질로 바꿀 수 있다고 했습니다.
열과 불,
이는 인류 문명 발달사에서 아주 중요한 부분입니다.
불을 발명함으로써 인간은 문명을 이룩하게 되었고
거창하기는 하지만 만물의 영장이라고 큰소리도 치게 되었습니다.

충격과 마찰이라는 운동
결국 불의 기원과 연결되는 것.

"열이란 결국 분자들의 진동이다. 달리 말해 온도는 분자 집합의 평균속도다. 무언가가 차갑다는 것은 그것을 이루는 분자들의 평균속도가 낮다는 뜻이고, 무언가가 뜨겁다는 것은 그것을 이루는 분자들의 평균속도가 높다는 뜻이다."(럼퍼드)

차갑다, 뜨겁다.
사람들은 이렇게 느끼면서 사물을 대하고 있습니다.
온도 차이.

온도계를 만든 독일의 물리학자 파렌하이트Fahrenheit
눈금 있는 가느다란 관 안에 알코올 혹은 수은을 넣고 밀봉했더니
온도에 따라 상하로 움직이는 눈금을 보았습니다.
스웨덴의 천문학자 셀시우스Celsius도 눈금을 이용하여 온도계를 만들었습니다.
오늘날 온도계는 이들의 이름을 기념하면서
화씨(파렌하이트)와 섭씨(셀시우스)로 나누어 부르고 있습니다.
한반도에서 사용하는 섭씨, 셀시우스의 덕분입니다.
애초의 온도계는 현재와 정반대로 했지만
지금은 0도에 물이 얼고, 100도에 끓는 숫자입니다.

온도계
너무 편리한 물건입니다.
그나저나 이 온도계 숫자가 우리네 일상생활을 열받게도 합니다.
구체적 숫자로 지표를 알려주기 때문에
대충 넘어가도 될 일을 심각하게 하여
스트레스를 더 안겨주기도 합니다.
하지만 온도계 만든 이들을 타박할 수 없는 노릇

오늘의 온난화 현상을 만들게 한 주범들을 처단하는 게 우선이겠지요.

온도계의 숫자가 우리를 잠잘 수 없는 밤을 만들기도 하고
온탕 냉탕 반복하면서
끝탕에서 헤매게 하고
심지어 차가운 사람이니 어쩌니 인물 평가도 하게 하고
온도
참, 많은 말을 만들어 내고 있습니다.

염라대왕님!
인간들은 숫자에 약하다 하옵니다.
별것도 아닌데 숫자 보고 난리 치는 경우가 많지 않습니까.
온도계에 나타난 숫자
그 숫자가 화근인 경우도 많습니다.
그렇다면 온도계를 몽땅 매장시켜야 하지 않겠습니까.
온도계 없는 세상
숫자 없는 세상
마음 편한 세상
과연 올 수 있을까요.

사막

염라대왕님이시여!
소생은 젊은 시절 사막에서 지낸 세월, 참으로 많았습니다.
며칠을 달려도 똑같은 풍경
그 황량한 열사熱沙의 사막은 방랑의 나날을 더욱 뜨겁게 했기 때문입니다.
그래서 여름마다 고비사막이나 타크라마칸 사막 같은 데서 지냈습니다.
사막은 광대무변이라는 말이 실감나도록 넓기만 했습니다.
어느 쪽으로 달려도 같은 풍경
아무 것도 없는 것 같은 텅 빈 대지, 그 자체였습니다.
그래서 더 좋았습니다.
텅 빈 공허에서 뭔가 가득한 포만감을 안게 됩니다.
텅 빈 공허
텅 빈 포만감

열사는 거룩했습니다.
비어 있는 것 같지만 가득 채워진 충만의 현장이기 때문.
허공을 가득 채운 뜨거운 열기

그 뜨거움은 사막을 매혹의 무대로 만들었습니다.
맨발로 열 걸음도 디딜 수 없게 하는 뜨거운 대지
습기가 없어 오히려 서울보다 지내기 좋았고
특히 해 떨어진 마을의 밤거리에서 원주민과 어울리는 재미
사막의 야간은 이국정취를 듬뿍 안겨줍니다.

사막의 보석 오아시스
오아시스가 있어 사막은 더 거룩했습니다.
어린 시절 교과서에서 본 오아시스는 아주 초라했습니다.
조그만 샘 곁에 낙타 한두 마리를 그린 졸렬한 삽화 때문입니다.
이는 오아시스가 뭔지 제대로 알지도 못하고 그린 옹졸한 상상력 때문
이었을 겁니다.

타크라마칸의 트루판, 쿠차, 호탄 같은 고대 도시를 가보면
호수 같은 오아시스도 있어 놀라게 하지요.
특히 트루판의 지하 수로水路 칼정은 고대 중국의 삼대 토목공사로 꼽힐
정도
천산산맥의 만년설 녹은 물을 끌어 와 도시를 만들 정도.
하여 오아시스도 오아시스 나름입니다.

오아시스나 신기루 같은 많고도 많은 이야기를 담고 있는 현장, 사막
게다가 열기까지 가득 안고 있는 현장이라 한다면

어찌 사막과 친구가 되지 않을 수 있을런지요.
 사막
소생은 사막과의 열애 시절에 이런 말을 자주 했습니다.
"인간은 두 종류로 나눌 수 있다.
사막을 체험한 자와 그렇지 않은 자."
허허허
불초 소생의 사막 예찬은 너구 거창했는가요.

염라대왕님!
기후 위기 시대에 사막 체험은 필수 코스입니다.
특히 젊은 세대에게 사막 체험을
광활한 공허와 열기의 현장 체험을
실행 명령, 조속히 내려주시기를 앙망하나이다.

낙타, 새로운 토템

사막에서 어슬렁거리다 야생 낙타를 만나기도 합니다.
낙타는 사막의 상징
사막은 낙타가 있어 더욱 사막다워집니다.
낙타 때문에 사막은 외롭지 않습니다.

낙타 대열, 그 카라반, 그 요령 소리
낙타는 커다란 덩치와 달리 의외로 겁이 많아 야간 행군을 하지 못합니다.
생쥐 하나라도 나타나면 대열은 풍비박산
바로 덩치값도 챙기지 못하는 겁쟁이입니다.
하지만 뜨거운 모래의 황무지를 걸을 수 있는 두툼한 발.
그래서 낙타의 발은 동서를 이어주는 전령사
인간 문명 발달사에 커다란 공을 세우기도 했습니다.

낙타는 눈꺼풀이 투명해서
모래폭풍이라도 오면 눈 감고 헤쳐 나갈 수 있고
누워있을 때도 뜨거운 대지에 머리는 닿지 않을 신체 구조이고 콧구멍은 모래를 막으면서 물만 마실 수 있고.
무엇보다 낙타는 폭염에 잘 견딜 수 있도록 단련된 사막 체질
등 위에 우뚝 솟은 혹은 지방을 저장하는 음식 창고
허기지더라도 스스로 굶주림을 해결할 수 있는 신체 구조
낙타 등의 두 개 봉우리, 거룩하고 거룩하도다.
아시아의 쌍봉낙타
내가 방랑할 때 사막의 정취를 듬뿍 안겨준 쌍봉낙타
등 위의 쌍봉이 주저앉았다면 굶주리고 있다는 증거
사막은 쌍봉낙타 덕분에 품위를 챙길 수 있습니다.

쌍봉낙타
아, 낙타는 좋겠구나.
단봉인 사하라 낙타와 비교라면
아시아의 쌍봉낙타는 품격 자체부터 다르구나.
쌍봉 덕분에 아시아지역의 역사와 문화가 더욱 풍요롭게 발달했는가.
더 멀리, 더 많이, 다채로운 물품을 운반해 준 낙타
낙타가 있어 사막은 풍요로워집니다.
돈황 막고굴 하나만 보더라도 부자富者 사막임을 증거하니
낙타의 위대함은 고개를 저절로 숙이게 합니다만.

낙타는 아무리 더운 여름이라 해도 열흘 정도는
물 한 모금 마시지 않고도 견딜 수 있으니

사막의 제왕.
지구 열탕 시대에 낙타를 수호신으로 모셔야 하지 않을까.
이제 사신四神의 종류를 바꿔야 하지 않을까.

신라의 수출 품목에 들어 있는 낙타
아니, 신라 사람은 낙타까지 해외에 수출했다고?
이는 실로 놀라운 사실입니다.
일본의 옛 문헌은 이를 증거하고 있습니다.
신라에서 들여온 값진 수입품 목록에 들어 있는 낙타
이 얼마나 놀라운 사실인가요.

서라벌 거리를 어슬렁거리던 낙타
하기야 실크로드의 다양한 교역품은 누가 운반했을까.
바로 화물차 낙타의 공덕이지 않겠습니까.
마찬가지 이유로 신라에서 일본으로 수출한 물품은 역시 낙타가 운반했겠지요.
신라시대에도 이 땅에서 거닐었던 낙타
이제 사막의 낙타를 대량으로 모셔 와야 하겠습니다.
그렇지 않아도 용광로 지구는 날로 사막 지대를 확장하고 있는데
사막화되고 있는 대륙.
그렇다면 사막의 제왕 낙타
지금 당장 낙타를 모셔야 하지 않겠습니까.

이제 교통수단으로서의 낙타뿐만 아니라
민족을 지켜주는 수호신으로 격상시켜도 좋을 시절인연입니다.
낙타 만세!

낙타 토템!
토템 낙타!

염라대왕님이시여!
이 땅의 평화를 위하여
낙타를 모신 산신각은 많을수록 좋겠습니다.
수호신 낙타
이를 위해 민간신앙부터 개혁할 수 있도록 하명하여 주시옵소서.

물, 생명수

"인체의 60%는 물이다.
식물의 97%는 물이다."
광합성 등 식물 기능의 핵심은 물의 역할
더위는 식물의 신진대사를 높이고 이에 따라 물을 더 필요로 합니다.

생명의 물
생명수.

폭염 피해는 나무들도 마찬가지
식물들도 사람처럼 폭염에 시달립니다.
원래 식물은 이파리 뒷면에 공기구멍을 막아 뜨거운 열기를 차단시키기도 하고
스스로 맺은 열매의 물기를 마시기도 합니다.
오죽 답답하면 자신이 만든 열매를 시들어 버리게 할 정도겠습니까.
어떤 나무들은 뜨거운 태양광 때문에 공기구멍을 활짝 열고 열을 식히기도 합니다.
한 모금의 물이라도 더 마시려고 뿌리는 안간힘을 쓰고.

폭염 속의 나무들
산에 가면 나무들의 비명 소리로 가득합니다.
동물처럼 다른 곳으로 피신 갈 수도 없는 나무들
불쌍하기 그지없는 나무들.

물조차 마실 수 없는 땡볕 날씨에 시들어 가는 나무들
도대체 나무들이 무슨 죄가 있단 말입니까.
나무의 고통은 정직한 인간의 고통
나무의 신음소리는 나의 신음소리
숲의 함성
그 불편한 불협화음의 하소연
폭염의 계절에 나무의 절규를 듣고 있습니다.
언제까지 이렇게 될지 알 수 없지만.

염라대왕님!
저 불쌍한 숲의 목마름
그 타는 목마름의 절규를 어찌해야 좋단 말입니까.
폭염 시대에 모두 인간동물만 챙기려 하고 있지만
숲은 누가 보살핀단 말입니까
나무들만 불쌍합니다.

식물도 땀을 흘린다

식물은 땀샘이 없습니다.
대신 이파리 아래 모공 비슷한 작은 구멍으로 수증기를 내보내지요.
식물은 자기 무게만큼의 물을 내보낸다고 합니다.
그렇게 많은 물을 쏟아내고 있다고?

그렇구나. 나무들도 땀을 흘리는구나.
아니, 매일 같이 엄청난 물을 뿜아내고 있구나.

옥수수의 경우, 땀을 많이 흘린다는데
여름 아이오와 4천 제곱미터의 옥수수밭에서 흘리는
하루 땀의 양은 1만5천여 리터
이런 정도의 물이라면 일주일도 되지 않아 수영장을 꽉 채울 수 있는 수량입니다.
이렇게 물을 좋아하는 옥수수밭이 가물어 빗방울 구경조차 할 수 없다면 얼마나 고통스럽겠습니까.

폭염은 옥수수밭의 고사枯死 선고

극형 받는 옥수수.

옥수수밭을 위해서라도 폭염시대의 종식은 지상 명령입니다.
대왕님!
들판의 식물들을 위하여
산을 푸르게 덮은 나무들을 위하여
'계엄령'이라도 절실한 오늘이옵니다.

아름다운 산호가 사라지고 있다면

염라대왕님이시여!
바다의 아름다운 산호가 죽어가고 있습니다.
지구 온난화 사태는 바다까지 영향을 끼쳐 물고기들을 괴롭히더니
이제 산호도 적신호의 대상으로 부상되었습니다.
어찌 이런 불행한 일이 계속 일어나고 있단 말입니까.

언론은 학자들의 연구 결과를 심각한 표정으로 보도하고 있습니다.
온난화 사태로 산호 90%가 사라진다!

'지구 온난화 1.5도 이내'
이는 파리기후협정의 거창한 목표입니다.
하지만 협정만 하고 행동으로 실천하지 않으면
협정 내용은 무슨 의미가 있겠습니까.
아름다운 산호가 죽어가고 있습니다.

오스트레일리아 북동쪽 해안의 대보초 Great Barrier Reef 해역
최근 10년간 온도가 지난 400년 동안보다도 높았다합니다.

이는 1618년부터 1995년까지의 수온 변화를 계산한 결과입니다.
산호 속에는 칼슘과 산소 동위원소가 있어 이것으로 골격 형성을 분석하면
당시의 수온을 알아낼 수 있다 합니다.
연구 결과, 대보초 해역의 수온은 1900년 이전보다
2024년의 수온이 평균치보다 1.73도 높아졌다는 것이지요.
이는 지난 407년 동안 가장 높은 온도
바로 2024년 지구를 덮은 폭염의 증거이기도 합니다.

대보초 해역은 죽어가고 있습니다.
산업화 시대 이전은 아무런 위협이나 커다란 변화조차 없었지만
1960년 이후부터 연평균 0.12도씩 올라가면서
이른바 백화 현상이 나타나기 시작했습니다.
수온이 오르면 산호 색깔이 해얗게 변하는 현상
즉 백화현상은 공생 관계인 조류들조차 사라지게 하기 때문에
결국 산호는 소멸될 수밖에 없습니다.
도대체 아름답기 그지없는 산호에게 백화현상이란 게 말이나 됩니까.

문제는 이른바 온난화 사태
파리협정의 목표인 1.5도 이내로 줄이더라도
현재의 산호초 70-90%는 사라진다는 끔찍한 연구입니다.
지금과 같은 온난화 추세라면

산호라는 종 자체가 소멸될 것이라는 경고입니다.
대왕님이시여!
아름다운 산호의 죽음을 바라보고만 계시겠습니까.

특히 유네스코 보고처럼 세계 인구 10억 명은 산호초 지대에서
어업이나 관광업으로 생계를 꾸려가고 있는 현실입니다.
산호초는 전 세계 해양생물의 4분의 1과 연결되어 있어
이들의 멸종은 결국 바다를 위협하고
이어 바다 생물을 위협하고
결국 인간을 위협하는 위기 사태로 이어질 것입니다.

산호가 죽어가고 있습니다.
아름다운 산호!
말로만 예찬하면 뭐가 어떻게 된다는 것입니까.
문제는 늘 그렇듯 행동입니다.
행동!

쓰레기 섬

염라대왕님!
역시 인간 족속은 위대하고, 또 위대한 능력을 가지고 있나 봅니다.
그들은 '날개'라면서 매일 같이 새롭게 치장하고 있는 바,
바로 옷이라는 가공의 껍데기입니다.
황금 주신主神을 모셨기에 당연하겠지만
자본 축적을 위한 대량생산과 대량소비는 미덕이라면서
자원을 낭비하고 있습니다.

쉽게 산 옷
쉽게 버리는 옷

옷 쓰레기는 산을 이루기도 하고
강물 따라 흘러 해류에 휩쓸려 뭉치고 뭉쳐
괴이한 풍경을 만들어 내고 있습니다.
바로 의류 쓰레기 섬입니다.
세상에 옷으로 만들어진 거대한 섬
상상이나 가능한 일입니까.

아니, 옷 쓰레기로 만든 거룩한 나라
장하고 장한 인간 족속의 위대한 치적이 아닐 수 없습니다.

썩지도 않고 엉켜 거대한 영토를 만드는 옷의 섬.
바다 위에 떠있는 의류 쓰레기 섬.
그 가운데 다섯 군데가 유명합니다.
그중 태평양 아래쪽의 '온 섬'이라는 신생 국가
그 영토의 크기가 한반도보다 무려 열 배나 크다고 합니다.
아니, 한반도보다 더 큰 옷의 섬? 그것도 열 배나 더 큰?
이게 말이나 되는 이야기입니까.

옷 쓰레기 섬을 축하하기 위해 인간 족속들은 법석을 피우고 있습니다.
옷 쓰레기의 섬
이를 '쓰레기 섬Trash Isle'이라고 부르면서 아예 공식 국가로 인정했고
국민을 모집한다 하옵니다.
이 무슨 해괴한 변고입니까.
새로운 국가를 위해 재활용할 수 있는 여권도 만들었는데
"대양은 우리를 필요로 한다The Ocean Need Us"라는 슬로건도 세우고 있습니다.
이 옷 쓰레기 국가로 이민이라도 가야 하는가.
그렇지 않아도 땅덩어리가 좁다고 난리 쳤는데
신대륙을 만들었으니

그것도 푸르른 바다 한 가운데 신생국가를 건국했으니
축하의 잔을 높이 들어야 할 것입니다.

염라대왕님!
인간 족속의 위대함에 축복을 내려 주옵소서.
쓰레기 옷으로 대륙을 새로 만들 정도의 위력을 가진 괴물들에게
영광을 주옵소서.
하여 패스트 패션 더욱 유행하게 하고
대충 걸쳐보게 한 옷은 빨리 버리게 하고
내실內實보다 껍데기에만 신경 쓰도록
옷 소비량이 날로 급증할 수 있도록 선처를 앙망하나이다.
옷 쓰레기 섬은 많으면 많을수록 좋은 일 아니겠습니까.

옷 쓰레기 나라 만세!

패스트 패션의 시대

염라대왕님!
소생은 아메리카에서 잠깐 살면서
패스트 푸드fast food라는 말은 많이 들었습니다만
그러니까 속도전의 현대사회에서 두 발이라도 딛고 서 있으려면
불량식품, 불량식품!
이렇게 복창하면서 패스트 후드로 허기를 채우기도 했습니다.
하지만 살다 보니 별의별 말도 다 듣고 있습니다.
패스트 패션fast fashion!
세상에 희한한 말도 다 생겼습니다.

예전에는 계절마다 신상품 나왔다면서 광고했는데
요즘은 젊은 세대를 겨냥했는지
정말 현대사회의 속도전을 반영했는지
의류 시장의 순환 속도가 초고속으로 바뀌고 있다 하옵니다.
보통 1-2주일 단위로 새로운 옷이 선보인다 합니다.
아니, 어떤 경우는 3-4일 만에
더 심한 경우는 하루 만에

새로운 상품으로 매장을 바꾼다는 것입니다.
이게 무슨 망측한 일입니까.

세계적으로 새로 만드는 옷은 매년 약 1천억 벌 정도라고 알려졌습니다.
그 가운데 매년 버려지는 옷 쓰레기는 약 9,200만 톤 정도
문제는 이 옷 쓰레기를 분해하려면 2백 년의 세월이 걸린답니다.
패스트 패션!
빨리 빨리!
극동의 코리아 족속이나 빠른 회전을 실천하면 되지
다른 나라 젊은 세대는 왜 속도전에 끼어들고 있답니까.

값싸게 사서 입는 둥 마는 둥
쉽게 버리는 옷들
심한 경우는 포장도 뜯지 않고 버리는 젊은 세대의 옷들
옷은 날개이기 이전 한번 걸쳤다 버려야 하는 폐기물로 전락했습니다.
결국 버려진 옷은 쓰레기 산을 만들고
호수를 오염시키고, 바다로 흘러가 해류에 따라 휩쓸리다가
옷들끼리 뭉치고 얽혀
새로운 섬을 만들 정도입니다.

패스트 패션이 도대체 뭔 말입니까.
다 자본의 논리로 공작하는 유행

철부지들은 뭣도 모르고 멋 부리기 위해
쉽게 사서 쉽게 버리는 옷
문제는 옷 쓰레기 처리에 무관심한 의류 생산공장입니다.
환경 오염은 아예 안중에도 없고 다만 황금에만 눈독 들이고 있는 업체들.
사후 관리 없는 생산 구조
이를 어찌해야 좋단 말입니까.

경축! 옷 쓰레기의 천지
옷 쓰레기 대륙
패스트 패션 생산공장 만만세!

도대체 패스트 패션이 무엇인가요

염라대왕님!

더 빠르게, 더 싸게!
이는 패스트 패션의 구호라 합니다.
그래서 그런가, 옷 한 벌 생산하기까지의 과정은 처참하기 그지없습니다.
어린 소녀가 열악한 환경에서 착취당하면서 만든 옷
하지만 그런 공정은 무시하면서 쉽게 사서 쉽게 버리는 어린 소비자들.

면화의 경우만 보아도 패스트 패션의 심각한 문제점을 짐작하게 합니다.
인도는 세계 면화 생산의 25% 정도를 차지합니다.
이를 위해 50만 명의 어린이, 그것도 90%의 여자 어린이
이들은 매일 열세 시간씩 수작업으로 꽃송이와 종자를 골라냅니다.
열악한 환경은 건강을 해치기 하고
급여 또한 형편없는 수준입니다.

면 티셔츠 한 장을 만들기 위해서 최소 728갤런의 물이 필요한데
이 정도의 물이라면 사람 한 명이 2년 동안 사용할 정도라 합니다.

현재 인구의 절반 가량은 물을 제대로 사용할 수 없는데
인도의 면화 산업은 그야말로 물 쓰듯 물을 쓰고 있습니다.
옷은 염색 과정을 거칩니다.
패스트 패션 산업은 하천을 오염시킬 뿐 아니라
심지어 독극물까지 쏟아내고 있습니다.
중국의 어떤 지역은 연간 3억 벌의 청바지를 생산하고 있는 바,
전 세계 청바지 시장의 3분의 1을 차지하고 있다 합니다.
생산 과정의 염료 절차에서 수은, 납, 산 성분 같은 독성 화학물질을 마구마구
하천으로 흘려보냅니다.

파란 개!
십여 마리의 파란 개가 발견되어 세상을 놀라게 한 바 있습니다.
염색 독극물이 흐르는 뭄바이의 강에서 헤엄치다 염색된 것이지요.
청바지만 염색하라 했지 누가 개들까지 염색하라 했는가요.
파란 개!

중국과 방글라데시는 의류와 섬유 생산의 대표적 국가입니다.
방글라데시는 수출로 인한 이익의 85%를 차지하고
연간 수익은 약 340억 달러로 이는 GDP의 35.1%에 해당한다하옵니다.
약 3,500군데의 공장에서 일하는 노동자의 80%가 여성이지만
이들은 월 75달러 수준의 '빈곤 임금'으로 생계비조차 해결하지 못하고

있습니다.
　달리 말하면, 방글라데시 노동자들은 연간 340억 달러어치의 경제적 가치를 생산하지만
　의류 가격에 포함된 임금 비율은 겨우 2%에 불과하다 합니다.
　유럽에서 팔리고 있는 폴로 셔츠의 가격은 18.25달러이지만
　그 옷에 포함된 방글라데시 여성 노동자의 임금은 불과 0.54달러
　즉 2.96%라는 싸구려 대우를 받고 있습니다.
　패스트 패션의 엄청난 물량은 어린 소녀들의 희생 위에서 나왔고
　또 같은 또래의 부자 나라 소녀들은 그 옷을 쉽게 사서 쉽게 버리는 구조입니다.
　게다가 패스트 패션 산업의 탄소 배출량은 무시할 수준이 아닙니다.
　이래저래 패스트 패션은 착취 구조의 공해 산업
　'가벼운 날개'의 최종 도달점은 바다입니다.
　바다에 모인 패스트 패션
　거대한 쓰레기 섬을 건설하는 괴이한 위력을 자랑하고 있습니다.

　염라대왕님!
　패스트 패션이라는 돈벌이 사업 구조의 문제점을 직시하여
　대량생산과 대량소비라는 자본 논리의 허구성을 깨주시기 앙망하나이다.

　더 빠르게
　더 싸게

이제 이런 말이 사어死語의 하나로 기록되는 날
하루라도 빨리 올 수 있도록
선처를 빌고 또 비나이다.

숲 파괴, 생명 파괴

염라대왕님이시여!

여섯 번째 대멸종 시대가 오고 있습니다.
이와 같은 위기를 자초한 주체는 인간 족속입니다.
어쩌다 이런 사태를 맞게 되었을까요.
수렵어로 원시시대만 해도 짐승이나 인간이나 다 평화스러웠습니다.
언젠가부터 인간 족속은 유목의 시대를 마감하고 농사지으면서 정착하게 되었고
더불어 숲은 파괴의 대상으로 올라갔습니다.
게다가 현대사회는 도시 문명을 급속도로 발전시켜
지구 역사의 새로운 판을 짜게 했습니다
도시의 확대는 숲의 파괴로 이어졌습니다.

숲이 사라지면 생명의 둥지가 사라진다는 진리
고유 문자를 사용했을 정도로 독자적 문화의 섬 이스터 아일랜드
그들은 왜 멸망했을까요.
한 연구에 의하면, 종족 사이의 전쟁은 숲을 파괴했고

결과적으로 벌레가 사라지고
새들도 사라지고, 짐승들도 사라지고
비가 와도 저장할 수 없어 생명수를 다 흘려보내고
결국 숲의 파괴는 인간 파괴라는 업보로 이어졌습니다.

더불어 사는 세상입니다
인연설을 굳이 들 것도 없이
그대가 있어 내가 있고
내가 있어 그대가 있는 세상입니다.
온 우주에 불필요한 존재는 단 하나도 없습니다.
모두들 서로 의지하면서 존재하는 것입니다.

꽃 한 송이를 피우기 위해서라도
밤과 낮이 있고
해와 달이 있고
번개와 바람이 도와줘야 하지 않습니까.

대왕님!
아무리 이기주의 사회라 하지만
게다가 휴머니즘이니 뭐니 그럴듯한 용어로 포장하고 있지만
인간 족속의 자연 파괴는 이제 도를 넘었다고 봅니다.
숲은 생명의 보금자리

이를 파괴하는 자들은 인정사정 볼 것 없이 처단하여 주시기 바랍니다.

기온 상승의 한반도

대왕님!
한반도가 이렇게 불바다로 변하는 것은 살아생전에 화탕지옥을 미리 예습하기 위한 것이니
모두들 지옥으로 떨어지면 이들을 어여삐 여겨 살살 다루어 주시옵소서.
그래도 부지런한 백성들
불의 심판을 미리 알고 준비한 것, 아니겠습니까.

한반도의 기온은 날로 올라가고 있습니다.
기상관측을 시작한 1912년 이래 30년간의 연평균 기온은 12.1도였습니다.
아시다시피 한반도는 사계절이 분명한 나라라며
계절마다의 특색을 얼마나 자랑했습니까.
하지만 지금은 봄가을이 짧아지면서 여름이 득세하고 있습니다.
최근 30년 동안 한반도의 기온은 1.6도 올라
연평균 13.7도입니다.

문제는 여름

여름이라 하면 흔히 평균기온이 20도 이상일 때를 말합니다.

그래서 예전에는 길게 봐야 6월 10일경부터 9월 말경으로 보았지요.

하지만 지금은 사정이 많이 달라졌습니다.

어떠냐구요.

한반도의 여름은 5월 말부터 9월 말로 길어졌으니

4개월 동안의 여름이라고 할 수 있습니다.

게다가 폭염에 열대야의 여름으로 채워지고 있어 더 심각하게 하지요.

어떤 연구에 의하면 세기말의 한반도는 여름 반 나머지 계절 반

이렇게 될 것이라고 경고하고 있습니다.

6개월간의 여름

온화했던 사계의 한반도는 과거의 꽃놀이 시절 이야기

이제 화탕지옥의 현장으로 바뀌고 있습니다.

바로 화택입니다.

문제는 자기 집에 불난 사실을 모르고 집안에서 놀고 있다는 것이지요.

불난 집!

한반도의 기온은 올라가고 있습니다.

물론 똑똑한 한국인은 '빨리빨리' 정신에 입각하여

생전에 미리 지옥 체험을 하고 있다고 볼 수 있겠지만

이건 너무나 험난한 시험이옵니다.

대왕님이시여!
살아생전 화탕지옥을 체험하는 어린 백성들을 굽어살펴 주소서.

기후 악당 국가, 대한민국

염라대왕님이시여!

이를 어찌하면 좋단 말입니까.
소생이 목숨을 붙이고 있는 이 대한민국
현재 기후 악당 국가로 꼽히고 있답니다.
악당 국가라니
이 무슨 해괴한 말입니까.

한마디로 한국은 재생에너지 비중이 10% 미만이어서
OECD 국가 가운데 꼴찌 수준이라 하옵니다.
꼴찌!
세상에 꼴찌 할 것이 따로 있지 재생에너지를?
이 나라 청와대를 용산으로 옮긴 이후 악화되고 있어 더 문제라 합니다.
파리기후협약에서 탈퇴한 미국의 트럼프 대통령보다 더 좋을 것도 없다는데요
현재 한반도는 기록적인 폭염과 열대야로
백성들은 고통의 도가니 속에서 신음하고 있습니다.

세계의 지성은 말하고 있습니다.

1.5도

이는 온도상승 한계선으로 사람이 안전하게 생존할 수 있는 마지막 선이라는 거지요.

그동안 학자들은 2040년대에 1.5도의 경계선을 넘어갈 것으로 예측했습니다.

하지만 근래의 지구는 너무 빨리 뜨거워지고 있어

2030년 이전에 경계선을 넘어갈 것으로 거의 확신하는 추세입니다.

마지노 선 1.5도

이 경계선을 넘어간다면...

바로 죽음의 길로 직행하는 것과 뭐가 다르겠습니까.

온실가스 배출

이게 문제입니다.

한국은 독일, 영국, 프랑스, 일본보다 훨씬 많은 기록을 세우고 있습니다.

국민 1인당 1년의 온실가스 배출량은 약 12톤

국가적 배출량은 매년 6억5천만 톤 정도입니다.

우리보다 국민 소득이 높은 독일이나 일본만 해도 1인당 8 내지 9톤 정도

영국, 프랑스 같은 나라는 5톤 정도를 배출합니다.

하지만 한국은 자랑할 게 없어 1인당 12톤

12톤!

이른바 선진국의 두 배 이상을 배출한다니

이를 어찌하면 좋단 말입니까.

방법이 없는 것도 아닙니다.
우선 성장 중심의 경제 구조를 바꿔야 합니다.
또 지금 같은 화석연료 중심의 에너지 정책을 바꿔야합니다.
한국 경제도 이제는 꽃노래 하던 시절 다 지나갔습니다.
1970-90년대는 연 10%에 가까운 고도성장을 했지만
2020년대는 2% 달성도 되지 않았고
2023년의 경우는 겨우 1.4% 수준이었습니다.
사실 경제 성장 비율은 그렇게 중요한 것도 아닙니다.
돈만이 최고
자본 중심의 사회 구조는 지구의 위기를 재촉하고 있습니다.

미래를 바라보고 국가 정책으로 커다란 그림을 그려야 합니다.
환경 문제의 정책적 후퇴는 있을 수 없습니다.
공약으로 세워놓고 당선되면 무시하는 것
이런 못된 습관부터 바로 잡아야 합니다.

기후 악당 국가의 불명예에서 벗어나려면
무엇보다 국가 정책과 실천이 중요하고
국민 개인별 실천 방안도 중요합니다.
자가용 타지 않기, 2톤 감소

해외여행 가지 않기, 1톤 감소
육식에서 채식 위주의 식단 짜기, 1톤 감소
이런 정도만 실천해도 눈에 띄게 탄소 배출량을 줄일 수 있습니다.

대왕님!
대한민국이
기후 악당 국가라는 불명예만은 벗어날 수 있도록
강력한 조치를 내려주옵소서.
악당 국가를 이끄는 악당이 있다면
그자부터 다스려 주옵소서.

제주도도 문제입니다

대왕님이시여!
한반도 남단을 지키고 있는 제주도
한때는 신혼여행지로 각광 받을 정도로 인기를 끌었지요.
또 해외 관광객들이 너무 몰려와 몸살 앓을 정도의 제주도
그런 제주도가 다른 이유로 다가지고 있습니다.
관광객들에 의한 환경 파괴는 그렇다 치더라도
이제 제주도조차 폭염으로부터 자유스럽지 않습니다.
제주도라 하여 지구 밖에 있는 것도 아니지 않습니까.

지난 2024년의 경우만 보아도 그렇습니다.
거룩하게도 제주의 열대야는 최장 기록을 세웠습니다.
최고 기록, 열대야!
제주 기상청의 발표에 의하면
1923년 관측 이래 열대야는 끝나지 않았는데 47일을 기록했다는 것입니다.
제주시의 열대야 누적 일수는 2개월을 넘기게 합니다.

열대야는 밤에도 25도 이상의 기온을 유지하는 것 아닙니까.
9월인데도 제주의 대낮 기온은 33도를 넘어갑니다.
어찌 이런 일이 일어날 수 있단 말입니까.
잠들 수 없는 열대야의 섬 제주라면
우리는 어디로 가야 한단 말입니까.

대왕님이시여!
이렇게 하면 어떻겠습니까.
어차피 열대야의 밤
이런 계절을 맞았으니
인간 족속들로 하여금 불면의 밤으로
오락가락 혼미한 정신 상태에서
지옥으로 빠지게 하든가
어떻게 하든가

허허허.

탄소 중립법

염라대왕님이시여!
참으로 중요한 언론 보도
하지만 심기를 불편하게 하는 보도가 있습니다.

한국 헌법재판소의 '기후 소송'에 대한 판결입니다.
즉 정부의 기후 위기 대응은 부실하여 미래 세대의 환경권을 침해한다는 것
그러니까 판결의 구체적 내용은 이렇습니다.

"정부는 국가 온실가스 배출량을 2030년까지 2018년 대비 35% 이상의 범위에서 감축하라."
"중간 목표인 2030년까지의 감축량만 제시하지 말고,
탄소중립(배출량 0)에 이를 2050년 이전
즉 2031-2049년 사이의 감축 목표를 정량적으로 제시하라."

판결 내용은 환경단체의 요구와 비교하면 절반 수준
그래도 나름 고심한 대안 같기는 합니다.

유엔 기후변화 협약의 참가 국가
이들 국가는 5년 단위로 국가 온실가스 감축 목표를 제출해야 합니다.
감축 목표량을 제시하는 것.
독일은 2040년까지 1990년 대비 배출량 88% 감축
2045년 탄소중립 달성
2050년 탄소 마이너스 진입 등 장기 목표 수립했습니다.
네덜란드는 2030년까지 석탄발전소 포함 화력발전 시설의 폐쇄
가스 연소 난방 중단과 태양광 보조금 확대 관련 법을 제정했습니다.

한국의 경우, 오리무중, 바로 그 자체입니다.
2030년까지 감축 목표 40%라 한다면
그 뒤 20년 동안은 나머지 60%를 줄여야 합니다.
결코 쉽지 않은 목표
2030년 뒤의 남는 배출량은 4억3,660만 톤
이를 2031년부터 5년 단위로 1억1천만 톤씩 줄여야 한다는 것.
하지만 윤석열 정권의 목표는 불과 500만 톤
언제 4억 톤 이상을 해결할 것인가.
한심하기 그지없는 탄소중립 정책입니다.

탄소중립 녹색성장의 기본계획상 에너지 분야
탄소 배출량은 2억2,300만 톤
수송 분야 9,300만 톤

이 둘을 합치면 전체 배출량의 절반을 차지합니다.
하지만 정부의 계획은 엉성하여 한심할 따름
언제 청정국토 가꾸기의 기본 체계가 마련될지 아늑하기만 합니다.
공약이었던 내연기관차의 신규 등록 중단
어허, 헛소리에 불과할 뿐
언제 무공해 자동차 세상이 올 것인가.

탄소 중립법의 비중은 아무리 강조해도 부족하지 않을 터
대왕님이시여!
개인적 사욕을 위해 국정을 농단하거나
높은 감투를 쓰고 부당한 칼자루를 마구 휘두르는 자
이들을 하루빨리 엄단하여
다시는 이 땅에서 발 디딜 수 없게 하여 주옵소서.

괴물 전기자동차[*]

염라대왕님이시여!

기후 위기의 대안으로 전기자동차를 봉안하면서
이를 개발한 일론 머스크를 천사처럼 등극하고
새로 개발했다는 전기자동차 테슬라가 유난 떨고 있습니다.

내연기관의 화석 에너지 대신 전기자동차면 기후 위기가 해결된답니까.
녹색 자본주의라는 말도 있지만
자본 축적이라는 욕망을 내려놓지 않는 한
전기자동차라 하여 정답은 아니라고 봅니다.

전기자동차는 무엇으로 만듭니까.
기왕의 차처럼 철강, 알루미늄, 플라스틱, 유리, 고무 등은 똑같이 사용합니다.
아니 전기자동차의 차체가 약 1.3배 더 무겁습니다.
약 45% 정도 더 많은 금속을 사용한다 하옵니다.

---

[*] 이송희일, 『기후위기 시대에 춤을 추어라』, 삼인, 2024, 참조

게다가 전기자동차는 두세 배 더 무거운 배터리를 사용해야 합니다.
이를 단순하게 탄소배출의 배기가스 배출량만으로 비교하면 온당치 않습니다.

세계의 금속 채굴량은 2021년 26억 톤이고
2022년은 28억 톤인데, 그 가운데 철강이 93%를 차지하고 있습니다.
자동차를 생산하면 할수록 철강 생산량은 늘어야 하는 구조입니다.
철강 생산 과정에서 파괴되는 환경과 오염은 누가 계산하고 있는가요.

이런 표현이 있습니다.
19세기는 석탄의 시대, 20세기는 석유의 시대
그렇다면 21세기는 리튬의 시대라 합니다.
리튬은 휴대폰과 재생 에너지 그리고 전기자동차의 필수 금속입니다.
리튬은 칠레, 볼리비아, 아르헨티나 국경
바로 소금사막인 리튬 삼각지대가 세계 리튬 매장량 60%를 차지하고 있다 합니다.
문제는 리튬을 얻기 위해 엄청난 양의 물이 필요하다는 것
리튬 1톤을 추출하기 위해 약 200만 리터의 물이 들어가야 한답니다.
이 정도의 물이라면 35만 명의 도시 인구가 1년간 소비할 정도입니다.
물론 원주민들은 리튬 생산을 반대하고 있지만
자본의 위력은 이를 억압할 따름
눈 가리고 아웅하는 현장입니다.

2021년 기준으로 전 세계의 리튬 매장량은 8,800만 톤입니다.
전기차 한 대가 평균 8kg의 리튬을 필요로 하지만
테슬라 모델3은 12kg을 필요로 합니다.
8,800만 톤의 리튬이라면 110억 대의 전기차를 생산할 수 있다는 계산입니다.
전기차든 어떤 자동차든 '자동차 지구촌'을 이루고 있는 한
지구의 미래는 암담할 것입니다.
날로 황폐화되고 있는 지구촌의 오염 산하
자동차는 길에서 보행자를 쫓아냈고
동물들조차 로드킬의 희생자로 만들면서 괴물로 등극했습니다.

염라대왕님!
자동차라는 괴물의 대량생산과 대량소비라는 자본주의의 신앙 때문에
날로 지구촌은 악화일로에서 신음하고 있습니다.
괴물을 끼고도는 자들을 처리하여
깨끗한 천지를 볼 수 있도록 특단의 조치를 내려 주옵소서.
통촉하여 주시옵소서.

플라스틱 천지

염라대왕님이시여!

도대체 이게 말이나 되는 일입니까.
죽은 향유고래가 수면 위로 자꾸 떠오른다고 하옵니다.
죽어야 할 이유가 없는데도
억울하게 죽는 고래
고래의 배 속을 살피면 플라스틱 쓰레기로 가득하다 합니다.
결국 인간 족속이 버린 플라스틱이 화근이지 않습니까.
너무하옵니다.

고통에 빠진 바다거북을 살펴보니
글쎄, 콧구멍에 플라스틱 빨대가 박혀 있었다고 합니다.
하기야 남태평양의 알바트로스 역시 플라스틱을 물고기인 줄 알고 삼켰다가
끝내 플라스틱 무덤을 만들면서 세상을 떠나고 있지 않습니까.
바다는 온통 플라스틱으로 덮이고 있고,
바다 생물들은 날로 목숨을 걸어야 할 지옥 같은 나날입니다.

대왕님이시여!

플라스틱 난무 사회를 엄벌하여 인간 족속들로 하여금 정신 차리게 하옵소서.

현재 해양 쓰레기의 83%는 플라스틱 재질이라 합니다.

페트병, 일회용 물잔, 합성섬유 옷, 나일론 그물 등등

인간들이 잠깐 편 하자고 마구 만들어 쓰고 쉽게 버리는 것들

이들 대부분은 석유에서 생산되는 상품입니다.

그러니 일단은 산유국이 문제이고

특히 플라스틱 물품을 다량 생산한 국가가 더 커다란 문제일 겁니다.

중국, 미국, 독일, 인도, 그리고 한국

이들 나라가 플라스틱 제조의 상위권을 차지하고 있습니다.

더 이상 지구 환경을 오염시키기 전에

뭔가 강력한 조치를 내려주시기 바라옵니다.

대왕님이시여!

더 이상 바다 생물들이 플라스틱으로 목숨을 잃지 않게 해주옵소서.

플라스틱은 쉽게 썩지도 않는다는 사실

널리 알려져 있지 않습니까.

플라스틱 천지

가볍고 값싼 물건

마구마구 만들어 온천지를 플라스틱으로 덮어버리는

인간들.
다음은 누구의 차례이겠습니까.
대답은 정해진 것.

온몸을 플라스틱 가루로 가득 채워 목숨과 맞바꾸려 하는 족속들.
플라스틱 공화국
좋구나, 좋아.
플라스틱 만세!
플라스틱 만만세!

성장주의의 문제*

염라대왕님이시여!

오늘날 인간사회에서 일으킨 온갖 환경 문제는 결국 그들의 성장주의 때문입니다.
지난 산업혁명 이후 인간은 성장, 성장, 또 성장만을 외치면서
자본 축적과 더불어 환경 파괴에 앞장서 왔습니다.
세상에 무한히 성장하는 유기체는 없다고 했습니다.
아니, 끝없이 성장하는 것은 암세포뿐
그 놈들은 무한히 증식하여 영토를 확장합니다.
그 결과 그들이 의지하고 있는 몸통을 죽음의 나락으로 떨어트립니다.
암세포의 욕망은 그렇습니다.
아니, 무한 성장을 꿈꾸는 또 다른 족속이 있네요.
바로 인간 족속입니다.

황금은 대량생산과 대량소비를 예찬하면서 겉으로만의 화려한 도시를 만들었습니다.

---

* 유정길, 『거룩한 불편』, 모과나무, 2025, 참조

대량소비 체제는 일부 기업가의 자본 축적에 역할 했을지 몰라도
그만큼 지구 자원의 약탈이라는 못된 결과를 낳았습니다.
지구는 잠시 빌려 쓰는 땅
정말 바람처럼 잠시 머물다 가는 나그네 인생이지 않습니까.
그런데 인간 족속들은 왜 자원을 고갈 상태까지 이끌면서
오만가지 문제점을 일으키고 있단 말입니까.
지구의 주인이 인간이라도 된단 말입니까.

이름도 그럴듯한 휴머니즘도 문제입니다.
이는 지구의 주인이 마치 인간인 것처럼 행세하도록 양해받은 것 같아
지구 공동체의 정신은 사라지고 인간 중심으로 지구를 학대했기 때문입니다.
비인간인 동물은 이 땅에서 살 권리가 없답니까.
숲은 왜 그렇게 날로 파괴의 대상이 되어 도륙되고 있는지
모두 휴머니즘의 총아라는 인간의 짓 아니겠습니까.

이제 수직 성장의 허망한 꿈은 내려놓고
무한 성장주의라는 신기루를 걷어내고
수직 구조에서 수평 구조로 바꿔야 합니다.
직선으로 올라가는 성장주의는 더 이상 진보라고 볼 수 없습니다.
옆으로 성공하는 삶
바로 성장주의 사회에서 성숙한 사회로 가야합니다.

적을수록 풍요롭다고 하지 않았습니까.
이 우주의 모든 존재는 서로 의존하면서 존재합니다.
네가 있어 내가 있는 것
인간과 자연
인간과 우주
모두 한 몸이라는 철칙을 깨달아야 할 것입니다.
불이ㅈㄹ!

염라대왕님이시여!
자연 파괴에 앞장서고 있는 이 인간 족속으로 하여금
성장 운운하면서 온갖 행패를 부리는 것
이제 엄벌로 다스려 주옵소서.
지구의 주인은 인간이 아니옵니다.
잠깐 빌려 쓰다가 사라질 나그네 신세임을 깨닫게 해주옵소서.

찬란한 멸종*

염라대왕님이시여!

지구가 위태롭습니다.
인간동물의 횡포로 지구는 날로 신음소리를 크게 내고 있습니다.
뭔가 획기적인 벌을 내려야 하옵니다.
대왕님이여!
감히 한 말씀 올리자면
대멸종만이 해답입니다.
더 이상 망설일 시간도 없습니다.

언제까지 인간들의 횡포를 눈감아주어야 한단 말입니까.
자연 생태계는 날로 파괴되고
지구 온난화니 뭐니 한가한 소리나 하면서
뭔가 걱정하는 듯 너스레를 떨고 있기는 합니다만
더 이상 물러날 빈틈도 없습니다.

---

* 이정모 지음, 『찬란한 멸종』(다산북스, 2024), 참조

지구 역사상 처음으로 겪는 사태
모든 생명체는 지금 멸망으로 가는 길 위에 있습니다.
그동안 지구는 다섯 번 이상이나 대멸종이란 위기를 겪었습니다.
이와 같은 멸종은 모두 자연재해에 의한 것입니다만
앞으로 다가올 여섯 번째 대멸종은 인간괴물이 자초한 것입니다.
그래서 더 이상 자비를 베풀 일이 아닙니다.
인간이란 종자의 대멸종만이 해결책입니다.
지구 자연이라도 살려야 하지 않겠습니까.
통촉하여 주시옵소서.

46억 년의 지구 역사에서 다섯 번이나 반복한 대멸종의 시기.
 대멸종이란 여러 생물들의 다양성이나 서식지가 대부분 사라지는 현상이지 않습니까.
 생태계 파괴는 지상의 생명체를 몽땅 죽게 하는 첩경입니다.
 오순도순 잘살고 있다가 뭔가 외부 충격으로 멸망의 길로 들어서는 것이는 억울하기 그지없는 일입니다.

대멸종!
빙하기로 해양생물 86%의 멸종
소행성의 충돌과 화산 폭발, 그래서 대기의 산성화로 생물 75%의 멸종
화산 폭발로 인한 기후 변화에 따른 생물 95%의 멸종
중생대 이전 대규모의 멸종

화산 활동과 기온 상승으로 생물 80%의 멸종
대멸종의 역사에서 화산 활등의 영향이 제일 크다고 합니다.
거기다 외계에서 날아온 운석의 충돌은 대멸종을 불러왔습니다.
이 다섯 번째 대멸종은 지상의 고양이보다 큰 동물들을 모두 앗아갔으며
그래서 공룡의 몰살로 이어졌답니다.
거대한 공룡을 몽땅 쓸어 가거릴 수 있다니
정말 놀라운 일이지 않을 수 없습니다.
공룡의 멸종!

지구에서의 대멸종은 기온 변화, 대기의 산성화, 화산 폭발, 산소 농도의 하락
바로 이와 같은 공통점을 가지고 있습니다.
모두 지상의 생명체와 무관한 외부의 작용에 의해 이루어진 것입니다.

하지만 지금 진행되는 여섯 번째 대멸종의 주범은 인간괴물이라는 점에서 특별합니다.
이 괴물들은 자연을 파괴하고 환경 오염시키면서 생태계를 교란시켰습니다.
대량생산과 대량소비라는 현재사회의 특징은 곧 환경 파괴와 같은 말이었습니다.

인간 중심으로 세계사와 자연사를 정리하다 보니

인간 이외 모든 것은 착취의 대상이었습니다.
똑같은 생명체인데 짐승들은 인간의 미각을 위해 대량으로 도살되어야 했고
도시의 확장은 곧 숲의 파괴로 이어졌습니다.
비인간 동물들에 대한 학대는 결국 인간의 생존 문제로 이어졌다는 뜻이겠지요.
왜 인간이란 종자는 자기들밖에 모른단 말입니까?
말로만 평화 어쩌고 떠들지
진정 그들이 평화라는 말의 뜻을 알고나 있는지 정말 궁금합니다.

평화는커녕 드디어 이 인간동물 사이에서 인간 멸종 운운
경고가 나오기 시작했습니다
하지만 겁도 없이 자본 중심으로 자연을 마냥 파괴한 죄
이 중죄를 어떻게 감당할 수 있단 말입니까.
혹시 버스 지나간 뒤에 손들기와 같은 초라한 모습이나 아닌지
참으로 우습기도 합니다만.
뒤늦게 허둥지둥 설치는 꼴이 가관이기도 합니다만.

올 여름도 폭염 경보로 시달리고 있습니다.
인간의 대멸종으로 가는 신호탄은 이미 여러 군데서 터지고 있습니다.

염라대왕님이시여!

결론은 단 한 가지입니다.
여섯 번째 지구 멸종 시기를 앞당겨 커다란 벌을 주는 일입니다.
화탕 지옥이 따로 있습니까.
인간, 그자들이 뭐길래 지상에 거대한 용광로 같은 화탕지옥을 만들고 축제인 것처럼 태연한 것입니까.
화탕지옥은 염라대왕님의 영역
인간 스스로 선택할 권리는 없습니다.
그러니 환경 파괴라는 죄명을 내세워 이 자들에게 엄한 벌을 내려주소서.

대멸종 시대가 다시 온다고 지구는 슬플 것 하나도 없습니다.
그동안 늘 그래왔던 것처럼 수억, 수천만 년이 지나면
지구상에 새로운 생명체가 나타나 새롭게 출발할 것입니다.

인간 족속이 자초한 대멸종 시기
대왕님이시여!
하루빨리 처리하여
지상의 모든 인간 족속들을 깨끗하게 청소해 주소서
어떤 학자는 '찬란한 멸종'이라고 했습니다.
지구는 몸 달 것 아무것도 없습니다.
인간 족속이 사라지면 지구는 평화로워집니다.
찬란한 멸종!

인간, 그자들이 받아야 할 업보입니다.

대왕님!
인간 대멸종의 시대입니다.
서둘러 커다란 벌을 내려 주옵소서
통촉하여 주시옵소서.

4부

백척간두

동거인

도시의 고층아파트에서 산자락의 마당이 있는 집으로
늙은 거처를 옮겼다.
하필이면 이사하는 날
태풍도 함께 왔다.

울안의 나무들이 온몸 흔들면서 환영 인사를 했다.
하늘은 소나기도 듬뿍 내려주면서
땅과 만나는 물소리까지 만들어 주었다.
아, 비 내리는 소리
세상에는 빗소리도 다 있었구나.
집 마당에 떨어지는 빗방울 소리
나는 갑작스럽게 부자가 되었다.

태풍 부는 날
나는 현주소를 옮겼다.
빗소리가 동거인으로 함께 왔다.

마라도에서

국토 최남단이란 표지석이 있는
조그만 섬.

산방산 아래
모슬포에서 마신 술값
갚아도 좋고
말아도 좋다는 그 곳.
가파도 아래
마라도.

최남단까지 밀려 왔으니
더 이상 어디로 갈 것인가.
돌섬은 드센 바람과 파도에
연신 얻어맞아
시커멓게 멍들어 있는데.

술값 갚으라고?

그래, 이젠 됐다.

갚아도 좋고

말아도 좋고.

일과

약간 썰렁한 늦가을
오늘 한 일은 점심시간
식당 갈 때
길 위에 수북이 쌓여 있는
은행이파리를
성큼성큼 밟아 본 것.

낙엽은 왜 노란 색깔인지도 모르고
돈 쌓인 은행 앞을 그냥 지나
은행잎에 미끄러지지 않고
무사히 돌아온 것.

금일
일과
끝!

집사람

백년해로하다 상처喪妻하고
먼 길을 돌아온 노인
그에게 위로와 함께 향후 거처를 질문했다.

글쎄, 아내가 없으니 마땅히 들어가야 할 집도 없구려.
그동안 아내가 살고 있는 집을 '우리집'이라고 불렀는데
이제 우리 집이 없어졌어요.
자기 부인을 보고 왜 '집사람'이라고 부르는지
아내 잃고서야 그 이유를 알게 되었구려.

집사람 잃은 노인
집까지 잃다.

고수高手 - 물레 버리기

물레를 돌릴수록 기술만 늘었네.
물론 기술자가 되려고 흙 작업을 한 것은 아니었고.

방황하다
사만 번 절하면서
비우는 것을 배웠지.

물레를 버리고 나니
자유가 찾아오더라고.

버려야 얻어지는 것
그릇은 원래 비어 있는 것 아닌가.

고수 – 불모佛母

불상만 깎던 어떤 조각가
말년에 이르러
자신이 만들었던 불상을 모두 깨버렸다네.
불모佛母라고 대우받으면서 만든 성상聖像
따지고 보니 모두 엉터리였다는 것이지.

깨닫지 않고 어떻게 깨달은 분의 모습을 만들 수 있겠는가.

하기야 붓다 재세 당시는 물론
사후 수백 년 동안은 불상을 만들지 않았지
어떻게 지존을 감히 표현할 수 있겠는가.
차라리 빈자리로 비워두든가
법륜이나 보리수 같은 상징물로 대신해야지.

깨달은 이의 모습
깨달음의 근처도 가보지 않은 석공이
어떻게 불상을 만들 수 있겠는가.

불모라는 명예로운 이름을 버리면서

불상을 깨버린 분
드디어 자기 자신을 깨버리는구나.

백척간두
– 실상사 도법 스님과 다담茶談에서

위태롭게
위태롭게
우리는 날마다 백척간두百尺竿頭에 서 있네.
천 길 낭떠러지 위에서
한 걸음 더 내딛기 위해
순간순간마다 아슬아슬하네.

백척간두 위에 서는 것
일생에 어쩌다 몇 번 오는 것 아니라
늘 끼고 있는 것이라네.

우리네 인생이 별것인가.
들숨과 날숨
이게 전부 아닌가.
한순간이라도 숨 하나 제대로 챙기지 못하면
아무리 화려한 생애라 해도
끝장이라네.

숨 한번 내쉬는 것도 이렇게 엄중하거늘
어찌 백척간두가 따로 있겠는가.

날숨 하나
그게 바로 백척간두인 것을.

오줌 누기

동자승이 법당 앞에서 오줌을 누었다.
이를 본 노스님이 야단쳤다.

- 네, 이놈! 어디 부처님 앞에서 오줌을 누느냐?

동자승이 어이없다는 듯 한마디했다.

- 스님께서는 늘 삼천대천
온 우주가 다 부처님 세계라고 하셨잖아요.
법당 앞이나 뒤나 뭐가 다른가요?

- 그놈, 참...

절에서 들었던 가장 신나는 이야기
하지만 나는 아직도 동자의 항변을 몸으로 익히지 못했다.
오줌 누려면 법당은커녕
멀고 먼 해우소 찾느라고 늘 허둥거렸다.

담장

담장을 높게 올려 경계선을 만들었네.
울타리 안의 화단이 진짜 내 것처럼 보여 안심되었네.

춘추가 여러 번 바뀌더니
나뭇가지들이 경계선 밖으로 뻗어 나가
맛있는 열매까지 주렁주렁 맺어 주었네.
담장 밖의 열매는 내 것인가, 아닌가.

나는 담장을 허물어 버렸네.
경계선조차 없어지니
열매가 어떻게 되던 조바심조차 사라졌네.

교통신호등

히말라야 산자락에 숨어 있는 조그마한 왕국
국법에 숲 보호가 최우선이라고 강조한 나라
그래서 터널도 없고 직선 고속도로도 없는 나라
외국인 관광객 몰려오는 것도 그렇게 좋아하지 않는 나라
그래도 자동차 숫자는 자꾸 늘고
교통사고라는 기이한 말도 나오니
할 수 없이 수도 한복판 교차로에 신호등을 세운 나라.

부탄 유일의 교통신호등.
가시오.
서시오.

부탄 주민들은 참을 수 없어 항의한다.
저 괴물은 무엇이냐?
그래도 우리는 사람인데 어찌 기계가
서라면 서고
가라면 갈 수 있느냐?

결국 철거된 신호등.

나는 사거리 신호등 자리를 건너다 말고
원주민에게 고개를 숙인다.

올림픽 금메달

파리올림픽에서 한국은 금메달 13개를 따
Top 10안에 올랐구나.
장하다, 조국의 태극 전사들아.

메달 획득의 종목은 무엇이었던가.
양궁을 비롯 펜싱과 사격
이들 세 종목에서만 금메달 10개를 챙겼다니
놀랍고도 놀랍구나.

총! 칼! 활!
이는 원래 목숨을 빼앗는 무기가 아니었더냐.
무기!

동족끼리 전쟁을 격렬하게 치르고
아직도 휴전선을 가지고 있는 지구상의 유일한 분단국가
모든 국력을 모아 전쟁 무기 개발하면서
경쟁하고 있는 나라.

누가 휴전 국가 출신 아니라 할까
올림픽에서조차
총, 칼, 활
실력을 자랑했구나.

(그런데 참 이상도 하구나.
축배의 잔을 슬그머니 내려놓게 하는
그 노파심은 무엇인가.

가슴에 단 금메달이
어떤 무기의 단추처럼 보일까 봐 그런가.

스포츠 관전조차 즐기지 못하는
진짜 바보
서울 한복판에 있구나.)

인왕산 산불

1

큰일 났다.
인왕산에 불이 났다.
파란 이파리보다 먼저 나온 붉은 꽃들
이제 순서도 지키지 않고 막무가내 산자락을 물들였다.
매화, 진달래, 개나리, 벚꽃, 목련 등
봄꽃들 불붙었다.

2

인왕산에 진짜 불이 났다.
극성스런 봄꽃자리 뒤엎고
하얀 연기 검은 연기 마구 뿜더니
마침내 붉은 화염까지 하늘로 치솟았다.
두서없는 봄꽃 야단치러
영험하다는 산에 화마대왕火魔大王 납시었다.

큰일 났다.
인왕산에 진짜 불이 났다.

인왕산 보름달

정월 대보름이라 하여
보름달을 좀 더 가까이 보려고 산에 올랐다.
자하문 언덕에서 산성을 따라 올라가다 되돌아보니
달은 백악산에 슬그머니 걸려 있었다.

인왕산 오르는 동안 달은 계속 따라 왔지만
오늘따라 왜소한 데다 맑지도 않았다.
거대한 바위산 정상에 올라서니
저 아래 겉만 그럴 듯하게 차린 서울
그 욕망의 불야성이 찬란했다.

지상의 명멸하는 불빛에 눈이 시려
밤하늘을 쳐다보니 별 하나 보이지 않고
달은 겨우 만월 흉내만 내고 있었다.

인왕산 정상에서
보름달에게 소원을 빌어보기는커녕

오히려 풀죽은 달 걱정이나 해야 할
정월 대보름이었다.

야단법석

화려한 꽃들 만발한 가람
초파일 법문에 욕망을 내려놓으라고 하네.

뭘 내려놓아야 하는가.
꽃들은 자기네들끼리 화려하게
야단법석을 펼치고 있는데.

나는 예쁜 꽃을 보다가
그냥 눈을 감았네.

참새와의 식사

바닷가 노천식당에서
밥을 먹는데
나그네 길인 줄 어찌 알았는가.
참새가 마주 앉아
식사자리를 함께 해주었습니다.

참새와의 겸상
오늘 식탁은 화려해졌습니다.

수평선은 저 멀리서
평등하기만 했습니다.

지붕 위의 소

소들이 지붕 위에 서 있다.
거대한 홍수가 휩쓸고 간 뒤
폐허의 풍경 속에서 일어난 사건이었다.

오지랖이 넓은 소
홍수에 떠내려가면서도 온몸을 물에 맡기었다.
덩치 큰 황소라 해도 세파와 싸우지 않았다.
마침 물에 잠긴 마을의 지붕 위에 오르게 되었다.

말들은 떠내려가면서
저 혼자 살겠다고 발버둥 치다
모두 물속에 잠겨 버렸다.

서푼짜리 풀잎 식사라도 진수성찬인 듯
다시 꺼내 반추하면서 음미하는 황소.
그 넓적한 배를 배船 삼아
거친 홍수에도 뜰 수 있었다.

사람들은 왜 한우를 최고라고 하는가.
마치 우리 겨레의 역사와 같은 한우
홍수라는 고난의 역사에서도 침몰하지 않는 한우
기마민족 어쩌고 하는 그 말을 버리고
밖에서 밀려오는 거대한 홍수도 두려워하지 않았다.

한우
홍수에 떠내려가면서도 결코 가라앉을 수 없었다.

어느 봄날*
– 이호관의 『능호집』을 읽고

세월은 흘러갔고
빈 술항아리만 남았다.
꽃피는 계절이 와도
술이 없어 친구를 부를 수 없다.

먼 산 바라보다
애꿎은 항아리만 발로 차니
거기 가득 차 있던
꽃향기가 뿜어 나왔다.

혼자서라도 취기를 느껴야 하는
불쌍한 봄날이다.

---

* 술항아리 이야기를 인용할 때만 해도 좋았다. 이제 금주禁酒의 황혼 나절이 되니 '불쌍한 봄날' 도 사치스럽게 되었다. 정말 불쌍한 세월이다.

좋은 날

지리산 칠선계곡 옆 자락
움막 한 채
거기 독거노인.
날 밝자 어머니의 산과 함께
하루를 챙긴다.

마당에서 호두를 까니
산중 새들 문안 인사 와
노인의 팔 위에 앉는다.
새들에게 고소한 먹이를 주면서 건네는 덕담
"오늘도 멋있게 보내자꾸나."
이에 화답하고자 아침 해는 떠오르고
흘러가는 세월 아무런 일 아니라는 듯
단장한 나무 이파리들 흩날리기도 한다.

날마다 좋은 날
산중 가득 하더라.

마음

꽃 핀다고 다 좋은 것 아니고
꽃 진다고 다 나쁜 것 아니니.

나는 그냥 이곳에 있으려네.
꽃 있거나 말거나
바람 불거나 말거나.

이곳보다 더 좋은 곳이
세상 어디에 있단 말인가.

저자 후기

'거주 불능의 지구'가 된다고 계속 경고하고 있다. 기후 재난 경고 시대! 매년 폭염 경보를 들으면서 여름 지내기가 정말 어려워졌다. 폭염은 지구의 모든 생명체를 위협하면서 '인간동물'의 경각심을 촉구하고 있다. 한가하게 온난화 현상 운운할 것이 아니라, '찜통 지구'임을 자각하면서, 탄소 배출 등 문제에 대하여 대책 마련에 앞장서라고 강조하고 있다. 궁극적으로 오늘의 위기는 '대멸종 시대'로서의 진행형이기 때문이다. 문제는 여태껏 지구의 대멸종은 화산이나 외계 유성의 충돌 등 자연재해로 생겼다면 현재 진행형인 여섯 번째 대멸종은 인간의 욕망에 의해 자초된 것이기에 더욱 심각하다. 지구는 앓고 있다. 어찌 인간은 대멸종 시대의 가해자로 탈바꿈되었는가. 물론 여러 가지 원인이 있겠지만, 휴머니즘은 인간을 지구의 주인인 것처럼 교만심을 주기도 했다. 따라서 동식물을 학대하고 자연을 수탈의 대상으로 보게 했다. 게다가 자본주의식의 성장 논리는 지구 자원의 탕진을 무제한으로 확대시키게 했다. 인간동물의 탐욕은 자연 파괴라는 결과로 이어졌고 결국 기후 위기를 자초했다. 인간은 '불난 집', 즉 지구의 방화범이라는 가해자의 위치에 서게 되었다. 참으로 안타까운 세월이다.

불경에 화택火宅 비유가 있다. '불난 집'. 집은 활활 불타고 있는데 집안의 아이들은 놀이에 정신 팔려 밖으로 나올 생각조차 하지 않고 있다. 밖에서 '불이야!' 아무리 소리쳐도 놀고 있는 아이들은 꿈쩍도 하지 않고 있다. 나는 폭염 경보를 접하면서 '화택' 비유를 떠올렸다. 물론 불난 집은 지구이고, 아이들은 우리 인간동물을 포함한 모든 생명체다. 집은 불타고 있는데 집안의 아이들은 왜 딴짓만 하고 있을까. 화택! 나는 최근 몇 년간 생태 환경문제를 공부하면서, 그리고 화가들과의 창작 방법론 모임을 이끌면서 생태 환경문제를 주제로 삼았다. 제자들이 그림 그릴 때, 나는 같은 주제로 시를 썼다. 이렇게 시작한 환경 공부는 메모 형식이었지만 날로 쌓였다. 어려운 주제를 공부 삼아 정리하다 보니 문학성은 도망간 꼴이 되었다. 그래도 환경 주제는 중요하여 욕심을 내보았다. 숙성되지 않은 거친 육성이지만 '불난 집'임을 확인하기 위해 서둘러 보았다.

『화택』은 4부로 나누어 편집했다. 제1부 〈잡초 유시諭示〉는 자연과 함께 일상생활에서 얻은 단상, 거기다 동식물 등 일반 소재에서 얻은 파편의 모음이다. 잡초나 옻나무의 특성과 생존전략에서 오늘 환경 문제나 사회적 모순 등을 상징화하려 했다. 제2부 〈멸종위기〉는 정부에서 지정한 멸종위기 동물과 식물 가운데 몇 가지를 선정하여 정리했다. 멸종위기 야생 생물로 지정된 목록은 260여 종이다. 이 땅에 와서 함께 잘 살다 가기를 원하는 인간동물과 똑같은 생명체다. 하지만 환경 파괴 등 생존 위협은 날로 멸종위기 생물의 목록만 올리고 있다. 멸종위기!

제3부 〈화택〉은 본 작업을 시작하게 한 것으로 폭염 경보 문제, 즉 지구 환경문제를 구체적으로 살펴본 내용이다. 문제의 심각성을 강조하기 위해, 이런저런 시도를 해보다, 결국 '염라대왕'에게 보내는 편지 혹은 고발 형식으로 마무리했다. 그래서 산문적 요소가 강하다. '불난 집'에 대한 경고의 성격이 크니 그렇게 정리되었나 보다. 문학성 운운보다 심각한 현실에 비중을 두었기 때문일 것이다. 제4부 〈백척간두〉는 이 땅에 와서 이런저런 일을 겪고 또 보면서 현장에서 얻은 기록이다. 훌륭한 가르침을 준 주위의 많은 인연에게 감사할 따름이다.

『화택』은 기후 변화 등 환경 문제에 대한 관심을 시 형식으로 정리했지만, 미완성임을 자인한다. 그래도 '불난 집'에서 머물고 있음을 스스로 체득하기 위하여, 또 반성문을 작성하는 기분으로 정리했음을 부기한다.

매년 폭염 경보의 반복에서 벗어나기를, 이 땅에서 사라지고 있는 무수한 동식물들이 참담한 위기에서 벗어나기를, 여섯 번째 대멸종 시대가 아닌 이 땅 위에 평화가 오기를!

2025년 폭염 경보의 여름에 無碍堂 모심

화택 火宅

초판 발행 2025년 9월 5일

지은이 윤범모
펴낸이 김선명
펴낸곳 예술시대
편집 예술시대 편집부
디자인 박서현
주소 서울시 중구 퇴계로20나길 10, 2층 202호
전화 02)2237-9387
팩스 02)2238-9388
이메일 book@pushkinhouse.co.kr
홈페이지 www.pushkinhouse.co.kr
출판등록 2004년 3월 1일 제 2004-0004호

ISBN 979-11-7036-169-5 03810

Published by Pushkin House. Printed in Korea
Copyright ⓒ 2025 윤범모
Copyright ⓒ 2025 Pushkin House

저작권법에 의해 보호를 받는 저작물이므로 무단 전재와 무단 복제를 금합니다.

'예술시대'는 '도서출판 뿌쉬낀하우스'의 문화 예술 분야의 임프린트입니다.